노래와 속담, 요리로
즐기며 배우는
미얀마어

★ Myanmar

노래와 속담, 요리로
즐기며 배우는
미얀마어

| 이두일 지음 |

미얀마 노래와 한국 음식들로 쉽게 배우는 미얀마어

생활 속에서 배울 수 있는 미얀마어
누구나 접할 수 있는 실생활 미얀마어
미얀마어의 기초부터 생활 밀착형 미얀마어까지!

생각나눔

마띠가 **목차**

BEFORE STARTING 미얀마어 문자와 발음   9

chapter 01 တေးသီချင်းများ 떼떠칭먀 **노래들**   13

1. နှလုံးသား အရင်းအနှီး ㅎ너롱따 어잉어니 – 심장을 바쳐서   14
2. အနားနားရှိခိုက် 어나나 시카잇 – 곁에 있을 때   19
3. မဟာ 마하 – 마 하   25
4. မီးအိမ်ရှင် 미 에잉싱 – 등 불   31
5. လွမ်းလွန်းလို့ 르왕룽로 – 너무 그리워서   35
6. အတွင်းကြေ 어뜨윙제 – 마음속이 구겨짐   42
7. ဝမ်းနည်းတတ်တဲ့ ချစ်သူ 원네땃데 칫두 – 슬퍼하는 연인에게   46
8. နေချင်တာ မင်းအနား 네친다 밍어나 – 살고 싶은 게 너의 곁   52
9. ပထမဆုံး အချစ် (First Love) 빠타마송 어칫 – 첫사랑   56
10. မင်း သိဖို့ ကောင်းတယ် 밍띠포 까웅데 – 당신이 알았으면 좋겠어요   60
11. လမ်းဆုံ 란송 – 교차로   65
12. တစ်နေ့တော့ 떠네도 – 언젠가는   71

13. မင်း အချစ်ကြောင့် 밍 어칫짜옹 – 당신을 사랑하기 때문에 75

14. တစ်မိုးအောက် 떠모 아웃 – 같은 하늘 아래 79

15. သနပ်ခါး 따나카 – 따나카 85

16. အဆင်ပြေပါစေ 어씽 삐에바세 – 편안하기를 바라요 90

17. မလာပါနဲ့ 머라바네 – 오지 마세요 97

18. နှစ်ယောက်တစ်အိပ်မက် ㅎ너야웃 떠에잇몊 – 두 사람, 하나의 꿈 103

19. အလွမ်းသင့်ပန်းချီ 어르왕띵 버치 – 그리움의 그림 107

20. မျှော်လင့်ချက် တစ်စုံတစ်ရာ 묘량쳇 떠쏭떠야 – 희망 하나 115

chapter 02 ကိုရီးယား ဟင်းနဲ့ အစားအစာတွေ
꼬리야 힝네 어싸어싸드웨 **한국의 요리와 먹거리들** 121

1. ဂင်မ်ချီ 김치 – 김치 122

2. ဂင်မ်ချီ ဟင်းချို 김치 힝죠 – 김치찌개 125

3. ပဲပြားပျော့ ဟင်းချို 베뺘뾰 힝죠 – 순두부찌개 127

4. ကြက်ပြုတ် ဟင်းချို 쩻뽀웃 힝죠 – 삼계탕 130

5. ပြည်ကြီးငါး မုန်လာဥ ဟင်းချို 삐징아 몽라우 힝죠 – 오징어 뭇국 133

6. နမ်း ရွက် ဂင်မ်ချီ ㅎ낭유웻 김치 – 깻잎 김치 136

7. **အမဲသား မုန်လာဥ ဟင်းချို** 어메다 몽라우 힝죠 - 소고기 뭇국 139

8. **ငါးအသားပြား ဟင်းချို** 응아어따빠 힝죠 - 어묵국 142

9. **ပဲပင်ပေါက်အကြီး ဟင်းချို** 베뼁빠웃어찌 힝죠 - 콩나물국 145

10. **ငါးဥ ငါးဆားနယ် ဟင်းချို** 응아우 응아싸네 힝죠 - 명란젓국 148

11. **အမဲသားဥဥ ချဉ်ချိုရင်းမ်** 어메다웅오우 장조림 - 소고기 메추리알 장조림 151

12. **ပဲခေါက်ဆွဲ** 베 카웃스웨 - 짜장면 155

13. **ပုစွန် ဟင်းချို** 버중 힝죠 - 새우탕 158

14. **ခရုကမာကောင် ဟင်းချို** 커유 까마까웅 힝죠 - 조개탕 161

15. **ပင်လယ် ကျောက်ပုဇွန် ထောပတ် အကင်**
    뼁레 짜웃버중 토밧 어낑 - 바닷가재(랍스터) 버터구이 164

16. **ပင်လယ် ကျောက်ပုဇွန် အပြတ်** 뼁레 짜웃버중 어뾰웃 - 바닷가재 삶기 166

17. **ပင်လယ် ကျောက်ပုဇွန် အပေါင်း** 뼁레 짜웃버중 어빠웅 - 바닷가재찜 168

18. **ပင်လယ် ကျောက်ပုစွန် အကင်** 뼁레 짜웃버중 어낑 - 바닷가재구이 170

19. **ပင်လယ် ကျောက်ပုစွန် ချက်ဖို့ အချိန် ဇယား**
    뼁레 짜웃버중 쳿포 어체잉 자야 - 바닷가재 요리시간 172

chapter 03 စကားစမြည်
사가사미 이야기 거리(생활 밀착형 미얀마어) 175

1. မိတ်ဆက်ခြင်း: 메잇쌪칭 – 소개하기 176
2. ဆိုရိုးစကားနဲ့ စကားပုံ 소요사가네 사가봉 – 관용어와 속담 177
3. သတင်းစ၊ အသက်ပါ နုတ်ယူနေသော သေမင်း အပူဒဏ်
   더딩사: 어뗏바 농유네도 떼밍 아뿌당 – 뉴스: 목숨을 뺏고 있는 죽음의 화신, 더위 182
4. လက္ခဏာနှင့် လူသားတို့ ကံကြမ္မာ လက်ပုံစံများ
   렛카나 흐닝 루따도 깡짠마 렛뽕상 먀 – 손금과 사람들, 운명과 손 모양 184
5. တရားစွဲဆိုမည်ဖြစ်ကြောင်း အကြောင်းကြားအပ်ပါတယ်
   떠야스웨소미 핏짜웅 어짜웅짜 앗바데 – 고소하게 됨을 공지합니다(고소 공지장) 187
6. ခရီးသည်များ မင်္ဂလာအပေါင်းနှင့် ပြည့်စုံ
   커이데먀 밍글라어빠웅흐닝 뻬쏭 – 탑승객들에 대한 환영 및 마무리 190

chapter 02-1 해 석
한국의 요리와 먹기리들 193

chapter 03-1 해 석
이야기 거리(생활 밀착형 미얀마어) 217

이 책의 구성 및 활용

🎧 MP3

블로그(http://blog.naver.com/carl2007)에서 미얀마 노래를 무료로 다운받아 Chapter 01 노래들을 들으며 배울 수 있습니다. (참조: 악보는 청음 기록입니다.)

※ 다운로드 경로: http://blog.naver.com/carl2007⇨게시판⇨첨부파일 다운로드

🔍 해석

- Chapter 02 한국의 요리와 먹거리들(미얀마어), Chapter 03 이야기 거리(미얀마어)는 소제목 밑의 해석 페이지를 안내하여 바로 해석을 볼 수 있게 되어있습니다.
- 해석 부분인 Chapter 02-1과 Chapter 03-1은 해석본으로, 잘라서 사용할 수 있습니다.

✔ 더 쉽게 알아보기

페이지 하단을 3가지 색으로 구분하여 해석을 좀 더 쉽고 빠르게 찾을 수 있도록 구성했습니다.

▎Chapter 01 노래들
▎Chapter 02 한국의 요리와 먹거리들(미얀마어)
　Chapter 02-1(해석)
▎Chapter 03 이야기 거리(미얀마어)
　Chapter 03-1(해석)

BEFORE STARTING

미얀마어 문자와 발음

따웅지 사원

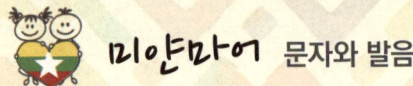 문자와 발음

1. 자음: 33개

က	ခ	ဂ	ဃ	င
ka	kha	ga	ga	nga
까	카	가	가	응아
စ	ဆ	ဇ	ဈ	ည
sa	hsa	sa	za	nya
싸	사	자	자	냐
ဋ	ဌ	ဍ	ဎ	ဏ
ta	hta	da	da	na
따	타	다	다	나
တ	ထ	ဒ	ဓ	န
ta	hta	da	da	na
따	타	다	다	나
ပ	ဖ	ဗ	ဘ	မ
pa	hpa	ba	ba	ma
빠	파	바	바	마
ယ	ရ	လ	ဝ	သ
ya	ya	la	wa	tha
야	야(라)	라	와	따

ဟ	ဠ	အ
ha	la	a
하	라	아

2. 복합자음(이중자음) 4개

- 기본 자음에 첨가되어 이루어진 일종의 이중 자음이다.

기호	발음	명칭	비고
ျ	y	Ya. pin:	야 (ျ빠)
ြ / ြ	y	Ya. yi?	야 (ြ빠)
ွ	w	Wa. hswe:	와 (ွ 프와)
ှ	h	Ha. htou	ㅎ(묵음),흐 (နှ ㅎ닛,흐닛)

1) က / ခ / ဂ / ဃ 와 결합하는 경우(예외)

  က + ျ = ကျ   + ြ = ကြ (k + ya=kya.) ※짜.
  ခ + ျ = ချ   + ြ = ခြ (kh+ya=khya.→cha.) 차.
  ဂ + ျ = ဂျ   + ြ = ဂြ (g +ya=gya.→ja.) 자.
  ဃ + ျ = ဃျ   + ြ = ဃြ (ng +ya=ngya.→nya.) 냐.

※ kya는 영어 알파벳 표기상 예외적인 발음으로 '짜'로 발음한다.

2) -ha. htou: (◌ှ)가 သ / ရ / လ / ဿ 와 결합하는 경우(예외)

သှ sha.(샤.)   ရှ sha.(샤.)
လှ sha.(샤.)   ဿှ sha.(샤.)

3. 폐음절표(된소리/ 비음)

기호		တ်	င်	စ်	ည်	တ်/စ်	န်/မ်/ံ
발음		e?	in	i?	i,ei,e	a?	an
	ေ	ေတ်	ေင်				
		Au?	aun				
	ို	ိုတ်	ိုင်				
		ai?	Ain				
	ို					ိုတ်/ိုစ်	ိုန်/ိုမ်
						e?	ein
	ု	ုတ်	ုင်			ုတ်/ုစ်	ုန်/ုမ်/ုံ
		we?	win			u?	un

※ ?는 -t, -th에 가까운 발음이다.

4. 모음표

모음	Symbol	Sound
a	-	a.
	ာ / -ါ	a
	ား / -ါး	a:

i	ိ	i.
	ီ	i
	ီး	i:
u	ု	u.
	ူ	u
	ူး	u:
ei	ေ့	ei.
	ေ	ei
	ေး	ei:
e	ဲ့	e.
	ယ်	e
	ဲ	e:
ou	ို့	ou.
	ို	ou
	ိုး	ou:
o	ော့	o.
	ော်	o
	ော	o:

5. 미얀마 숫자

1	2	3	4	5	6	7	8	9	10
၁	၂	၃	၄	၅	၆	၇	၈	၉	၁၀
တစ်	နှစ်	သုံး	လေး	ငါး	ခြောက်	ခုနစ်	ရှစ်	ကိုး	တစ်ဆယ်
ti?	hni?	thoun:	lei:	nga:	chau?	khun/khuni?	shi?	kou:	tahse
띳	ㅎ닛	또웅	레	응아	차웃	쿤/쿠닛	쉿	꼬우	떠쎄

chapter 01

တေးသီချင်းများ
노래들

네피도 우빠따산디 파고다

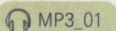

နှလုံးသား အရင်းအနှီး ㅎ너롱따 어잉어니 - **심장을 바쳐서**

နှလုံးသား အရင်းအနှီး ㅎ너롱따 어잉어니 - **심장을 바쳐서** 1

အဆိုတော်: အိုင်းရစ်ဇင်မာမြင့် 어쏘도(가수): 아이럿 진마민

ရင်မှာ/ငါ ခံစားရတဲ့ အဖြစ်ကို မင်းက နားမလည်ဘူး။

잉마/아   칸사야데   어핏고   밍가   나머레부

가슴 속에/내가 느꼈던 아픈 사랑을 당신은 이해 못 해요.

ငါ့ရဲ့ ဒဏ်ရာတွေ အခုထိတိုင် ရင်ထဲမှာ မကျက်သေးဘူး။

응아예   단야드위   어쿠티다잉   잉테마   머쩻데부

내 상처들은 지금까지도 가슴속에서 사라지지 않았어요.

ချိုသာတဲ့ စကားလေးများစွာ ပြောသမျှ အဟုတ်ထင်ခဲ့။

쵸따데   사가레먄스와   뾰더먄   어호웃딩케

달콤하게 했던 모든 말이 바르다고 생각했었는데

အခုတော့ မှန်ရာကို မှားတယ်။   ကြုံလာပြီမို့ မြင်လာပြီမို့။

어쿠도   몽야고   마데   /   쫑라비모   밍 라비모

이제는 맞았던 것들이 틀려요. / 겪어봤고 보아왔으니까요.

ငါ အဝေးဆုံးကို ထွက်သွားလိုက်မှာပါ။ ငါတို့ အတိတ်တွေ တကယ်ပြီးဆုံးပြီပဲ။

응아 어웨이송고   트웻뜨와   라잇마바   /   아도   어데잇드웨   더게비 쏭비베

나 아주 먼 곳으로 떠나가 버릴 거예요. / 우리 지냈던 것들이 진짜로 끝난 거예요.

※ ㄷ(응아, ㅇ아, 아) 발음은 한국사람에게는 어려운 발음이다. 비음을 섞어서 '응아'를 하나의 음 '아'로 섞어 내야 하지만 그게 쉽지 않다. 본 책에서는 '응아'와 'ㅇ아', '아'를 노래 흐름/표기 공간 등을 고려해서 적절히 혼용하여 표기하였다. (예: 악보에는 '아'로 표기, 해석 부분에는 '응아' 또는 'ㅇ아'로 표기)

နုတ်ဆက်ကာ သွားတော့မယ်။

노웃셋가   뜨와도 메

안녕하고 손 흔들며 갈 거예요.

နင် ကျေနပ်လို့ ပျော်တယ်ဆို ငါ ရင်ကွဲပြီး ငိုရလည်း ရှိပါစေ။

닝   쩨낫로   뾰데소   응아   잉끄웨비   응오야레   시바세

당신이 만족한다고 말했잖아요.

ဂရုမစိုက်နဲ့လေ။ မင်း ကြိုက်ရာကို ရွေး။

거유 머싸잇네레 / 밍   짜잇야고   유웨

신경 쓰지 마세요. 당신이 하고 싶은 대로 골라서 하세요.

ငါ ခံစားလို့ နေရလည်း နင် စိတ်ချမ်းမြေ့တယ်ဆိုရင် ပြီးတာပဲ။

응아 칸사로   네야레   닝 쩨잇찬미에데   소잉   삐다베

내가 아프게 느끼고 있지만, 당신의 마음이 평화롭다면 그만이에요.

ခွင့်လွှတ် နားလည် ကျေနပ်ခြင်း အကြောင်းတရားများစွာ မင်းဆီမှာ။

크윗   ㅎ룻나레   쩨낫칭   어짜웅 더야먀스와   밍씨마

용서하고 이해할게요. 그동안 만족했기 때문이에요, 당신에게.

'심장을 바쳐서' 주요 어휘

미얀마어	발음	해석
ဒက်ရာ	단야	상처
cf) ဒက်	단	상처, 벌
ရင်	잉	가슴
ချိုသာ	초따	달콤하다, (가격이)싸다.
cf) ချို	쵸	달다, 싸다, 뿔
စွာ	스와	공격적인, 뻔뻔스러운, 염치없는
များစွာ	먀스와	많이
မျှ	ㅎ먀	공유하다, 똑같다.
တင့်	띵	적절한.
တင်း	띵	꽉 죄다.
တင်	띵	엉덩이, 싣다, 올리다.
ငါ့အဖြစ်	응아어핏	나의 상황
cf) အခြေအနေ	어체어네	상황
ကျက်	쩻	외우다, (요리가)익다, (상처가)아물다
cf) ဒက်ရာ ကျက်တယ်	단야쩻데	상처가 아물다.
cf) သက်သာတယ်	땃따네	병이 낫다, 상처가 아물다, 값이 저렴하다.
ချိုး တယ်	쵸데	꺾다.
ချို့ယွင်း တယ်	초 유잉데	문제가 생기다, 고장 나다.
cf) စက် ချို့ယွင်း တယ်	쎗 쵸 유잉데	기계가 고장 나다.
(များ) + စွာ	먀 + 스와	(많이) ~하게, 부사형 조사
V + သမျှ	떠먀,(연음)더먀	V 하는 것 모두
V + ရင် ပြီးတာပဲ	잉삐다베	~하면 되는 거잖아, 끝이잖아.

အကြောင်း	어짜웅	이야기
cf) အကြောင်းတရား	어짜웅 더야	이유
ဂရုစိုက် တယ်	거유 싸잇데	신경 쓰다, 관심을 기울이다.
cf) ဂရုမစိုက်နဲ့လေ	거유 머싸잇네	신경 쓰지 마세요.
cf) ဂရုတစိုက်	거유 더싸잇	조심스럽게, 신경 써서

📷 꼬따웅 버인나웅 왕 동상

미얀마 남쪽 끝에 있는 동상. 누가 만들었는지 참 역동적으로 참 잘 만들었다. 금방이라도 칼을 뽑을 듯!

Let's sing 2

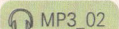

အနားနားရှိခိုက် 어나나 시카잇 - 곁에 있을 때

အနားနားရှိခိုက် 어나나 시카잇 - **곁에 있을 때**

အဆိုတော် ။စန္ဒီမြင့်လွင် 어쏘도(가수): 산디민르윈

မင်းကိုပဲ တစ်ဘဝလုံး ပုံအပ်မယ် / မင်းကတော့ မသိနိုင်ပါ အချိန်ပြည့် တွေးထားတယ်

밍고베   더바와롱   뽕앗메 /   밍가도   머띠나잉바 어채잉뻬   드웨타데

당신에게만 내 인생 전부를 통째로 맡길 거야. / 당신은 모르지요. 매시간 생각하고 있어요.

လမ်းခေါ် လိုက် ဘယ်လို အချိန်မျိုးမဆို / မင်းဘေးနား ရောက်နေမယ် လိုအပ်တိုင်းပေါ့

흐랑코라잇   베로   어채잉 묘머쏘 /   밍베나   야웃네메   로앗다잉보

발걸음을 돌려 불러주세요. 어떤 시간에든 / 당신 곁으로 갈게요. 필요할 때는 언제든지요.

ခံစားလွယ်တတ်တယ် /ကို အားငယ်တတ်တယ် /တစ်ယောက်တည်း ချန်မထားနဲ့ နော်

칸사 르웨닷데   /   꼬 아웅에닷데   /   떠야웃테   찬머타네   노

쉽게 아파하고, / 기죽기도 해요. / 혼자 남겨두지 마세요.

သဝန်လည်း တိုလွန်းတယ် / ကို နားလည်မှု ပေးမယ် မင်းအတွက် ...

떠웡레   도룽데   /   꼬   날레흐무   뻬메   밍어드웻

질투도 잘하는데 / 이해해줄게요, 당신에게는.

~ ** A ** ~

(လိုချင်တာ ယူသွားပါ အဆင်ပြေသလို ပြုစားကာ

로친다 　　 유뜨와바 　　 어싱뻬에더로 　　 쀼사가

(원하는 건 다 가져가세요. 편할 대로 나를 홀려서

ကမ္ဘာမြေပေါ် တို့ရဲ့ နေ့များ မင်း ဖန်တီးပေးပါ

거바미에보 　　 도예 　　 네먀 　　 밍 　　 팡디 뻬바

세상 위에서 우리의 삶을 창조해주세요.

အတူသွားမှာ ဘယ် အချိန်မဆို အတူသွားကာ

어뚜 뜨와마 　　 베 　　 어체잉머쏘 　　 어뚜 뜨와가

함께 갈 거예요. 언제든지 함께 가면서

ကိုယ့်ရဲ့ အနား မင်းရဲ့ အနား ယုံကြည်ကာ အချစ်တို့ ဖြစ်ပေါ် လာ ......

꼬예 　 어나 　 밍예 　 어나 　 용 찌가 　 어칫도 　 핏뽀라

내 곁에, 당신의 곁에, 믿으면서 사랑이 생겨날 거예요.

မင်းရှိမှ ကိုယ့်ဘဝ ပြည့်စုံမှာ ....

밍시마 　　 꼬버와 　　 뻬쏭마

당신이 있어야 내 삶이 완벽해질 거예요.

အမြဲတမ်းပဲ မင်းအတွက် အချစ်ဆုံးရာ....)　⇨ Go to B

어메당베 　　 밍어드웻 　　 어칫쏭야

항상 당신을 위해서예요. 사랑하는 자기야….)

2. 곁에 있을 때　**21**

အနားနား ရှိတဲ့ အခိုက် အနမ်းတွေ ပေး...အနားနား ရှိတဲ့ အခိုက် ..

어나나   시데 어카잇   어냥드웨   베   어나나시데   어카잇

곁에 있는 시간에 뽀뽀해주세요. 곁에 있는 시간에….

အနားနား အနားနား ရှိတဲ့ အခိုက်

어나나   어나나   시데   어카잇

곁에…. 곁에 있는 시간에….

ရုံးကန်ခြင်းတွေနဲ့ ကြုံနေရချိန် မင်းဘေးနား ရှိနေမှာ

용강칭드웨네   쫑네야체잉   밍베나   시네마

헤쳐나갈 위기를 겪는 시간에 당신 곁에 있을 거예요.

အတူ ဖြတ်သန်းမယ် ချစ်သူအားနဲ့

어뚜   팟당메   칫뚜아네

함께 가로질러 갈 거예요, 연인의 힘으로.

လက်တွဲရင်း ကူးခတ် ခံစားချက် ပြင်းထန် ယုံကြည်တယ်

렛뜨웨잉   꾸캇   칸사쳇   뻰탕   용찌데

손을 마주 잡고 헤엄쳐나가면서 (사랑의)감정이 강하다고 믿어요.

မင်း ချန် မ ထားနဲ့ နော် / ဘယ်ချိန်ထိ ချစ်ရမှာ လဲ / ကိုယ့်ရင် မောနေဆဲပါ ချစ်သူရယ်

밍 찬 머 타네 노 / 베 체잉티 칫야마 레 / 꼬 잉   모네세바   칫뚜예

당신, 남겨두지 마세요 / 언제까지 사랑할 거예요?/내 가슴이 벅차오르고 있어요, 연인아.

အရာရာကို မေ့ပစ်လိုက်ပြီပဲ ။ ⇨ Go to A

어야야고　　메뼷라잇뻬베

모든 것을 잊어버렸어요.

~ ** B ** ~

(အဆိုးတွေ မသိနိုင် တို့တွေ ကြိုခဲ့ ရှေ့ဆက်လျှောက်ဖို့

어쏘드웨　　머띠나잉　　도드웨　　쭝케　　쉐셋샤웃포

나쁜 것들을 알 수 없는 우리는 앞으로 계속 걸어가기 위해

လက်ကိုတွဲ မျှော်လင့်ခြင်းတွေ လက်လှမ်းနိုင်ခဲ့ ကိုယ်မင်းနဲ့) **

렛꼬드웨　　묘링친드웨　　렛흐랑나잉케　　꼬밍네

손을 마주 잡고 희망의 손을 뻗을 거예요, 나와 당신과 함께.

~ ** Go to A ** ~

 '곁에 있을 때' 주요 어휘

미얀마어	발음	해석
တစ်ဘဝလုံး	더바와롱	일생, 한평생
ပုံအပ် တယ်	뽕앗데	통째로 맡기다
အချိန်ပြည့်	어체잉뻬	시간마다, 계속, 항상
လှမ်းခေါ်	ㅎ랑코	발길을 뻗어 부르다
ဘယ် အချိန် (မျိုး) မဆို	베어체잉묘마소	어떤 시간이든
ဘေးနား	베나	근처에, 옆에

ချန်ထား တယ်	찬타데	남겨두다, 버려두다.
သဝန်တို တယ်	떠웡또데	질투하다.
ပြူစား တယ်	쀼사데	(사기를 쳐서, 속여서)해먹다, 마술을 부리다, 홀리다.
ဖန်တီး တယ်	팡디데	창조하다, 새로 만들다.
ပြည့်စုံ တယ်	삐송데	완벽하다.
အချစ်ဆုံးရာ	어칫쏭야	사랑아, 자기야.
အခိုက်	어카잇	~때
အနမ်းတွေ ပေး တယ်	어낭드웨뻬데	키스해주다, 입맞춤해주다.
ရုန်းကန် တယ်	용깡데	헤쳐나가다.
cf) ရုန်းကန်ခြင်း	용깡칭	(헤쳐나갈) 위기
ဖြတ်သန်း တယ်	피엣땅데	가로지르다.
လက်တွဲ တယ်	렛뜨웨데	손을 마주 잡다.
ကူးခတ် တယ်	꾸캇데	헤엄쳐나가다.
ပြင်းထန် တယ်	삥탄데	강하다, 심하다.
ရင်မောဆဲပါ	잉모세바	가슴이 벅차다.
ရယ်	예	~야
အရာရာ	어야야	모든 것.
အဆိုးတွေ	어쏘드위	나쁜 것들.
ရှေ့ဆက်လျှောက်တယ်	쉐셋샤웃데	앞으로 계속 걸어가다.
လက်လှမ်း တယ်	렛흐랑데	손길을 뻗다.

Let's sing ③

မဟာ 마하 - 마 하

တေးဆို-ဇော်ဝင်းထွဋ် 어쏘도(가수): 조원툿

တေးရေး- မြသန်းစံ 떠야(가사): 먀딴싼

အိုဟောင်းလွန်းသော နံရံအုပ်ချပ်များ မြန်မာဟေ့လို့ ဟစ်ကြွေးဆဲ သက်သေများ

오 하웅룽도　　　낭양오웃촺먀　　미얀마헤로　　힛쭈웨세　　뗏떼먀

낡은 벽의 벽돌들이 미얀마야 하고 소리치며 증명한다.

ရာစုနှစ် အဆက်ဆက် ကိုယ်တို့ပေးဆက်ခဲ့တဲ့ အားလုံးရဲ့ အမွေ

야수닛　　어셋셋　　　꼬도　　빼셋케데　　아롱예　　어므웨

세기를 이어서 우리에게 물려주는 모두의 유산이다.

~ ** A ** ~

(အရုပ်ဆင်းမပျက် ပညာပန်းအတတ်များ, မြန်မာ အနုအလှ သုခုမလက်ရာများ

어욧싱머뻬엣　　뻰냐빵어뗏먀　　미얀마　어누어흐라 뚜쿠마렛야먀

면모를 잃지 않은 10가지 기술들,　미얀마의 아름다움과 예술의 재능들이다.

**သမိုင်းဝင် ကမ္ပည်းထက် တို့နှလုံးအိမ် သွေးစက်/တစ်စက် ခြယ်သထားမြဲ ထားပါလား။) ** **

떠마잉윙　　거비텟　　도흐롱에잉　　쯔웨셋 / 더셋　　체더타메　　타바라

역사적인 명패 위에 우리 심장의 핏방울(한 방울)을 항상 칠하게 놔두어라.

~ ** B ** ~

(မဟာ... ကြီးမြတ်လေသော သမိုင်းကြောင်းများ ဒီမြေကြီးမှာ

마하   찌미엣레도   떠마잉짜웅먀   디미에지마

마하…. 대단한 역사 이야기들이 이 대지 위에

မင်းတရား အနော်ရထာ ကျေးဇူးများ ဒီမြေကြီးထက်မှာ

밍더야   아노야타   쩨주먀   디미찌텟마

어노야타 왕 덕분에 이 땅 위에 펼쳐졌다.

ဒီမြေဟာ တို့တွေရဲ့ နှလုံးသား ဂိုဏဉ်ပဲ အားလုံးရဲ့ ပုဂံ)** ⇨ Go to C

디 미하   도 드웨예   ㅎ너롱따   위닝베   아롱예   바간

이 땅은 우리의 심장이 되는 영혼이다. 모두의 버마(버간)이다.

(သူ့ရဲ့ကောင်းတို့ လုံရာဒါးချက်များ မြန်မာတို့ရဲ့ အမျိုးသား အားမာန်များ

두예가웅도   ㅎ랑야다쳇먀   미얀마도예   어묘다   아망먀

영웅의 창 자국과 칼 자국들은 미얀마 국민의 힘이다.

ပုံရိပ်တွေထားခဲ့ ကမ္ဘာအနှံ့ကို ပျံခဲ့ အို..မပျောက်ပျက် ယနေ့တိုင်ပဲ)   ⇨ Go to B

뽕예잇드웨타케   거바어낭 고   뼈양케   오..   머삐엣삐엣   야네다잉베

이 형상들이 세계 전체에 퍼져나가서 오! 사라지지 않고 오늘날까지 이어진다.

3. 마하 **27**

~ ** C ** ~

(မဟာ .. ဗုဒ္ဓသာသနာ အလင်းတန်းများ ထိန်ထိန်ညီးကာ

마하   부다따떠나   어링탕먀   테인테인니가

마하…. 불교 종교의 빛들이 반짝반짝 빛나면서

ရဟန်းမြတ် အရဟံထွန်းညို့ခဲ့ သာသနာ အလင်းရောင်

야한미엣   아라한퉁니케   따떠나   어링야웅

위대한 아라한 스님이 종교의 빛을 밝히셨다.

ဒီမြေဟာ တို့တွေရဲ့ နှလုံးသား ဂိဉာဉ်ပဲ အားလုံးရဲ့ ပုဂံ)** ⇨ Go to A

디미에하   도드웨예   ㅎ나롱따   위닝베   아롱예   바간

이 땅은 우리의 심장이 되는 영혼이다.   모두의 버마(버간)이다.

တို့အားလုံးရဲ့ ပုဂံ...မဟာ မြန်မာတွေအားလုံးရဲ့ ပုဂံ...

도 아롱예   바간..   마하   미얀마드웨   아롱예   바간

우리 모두의 바간… 마하….   미얀마 모두의 바간….

ပထမဆုံးသော တို့နိုင်ငံ တို့...အားလုံးရဲ့ ပုဂံ

빠타마쏭도   도나잉앙   도   아롱예   바간

첫 번째 우리들의 나라… 우리 모두의 바간.

💡 '마 하' 주요 어휘

미얀마어	발음	해석
အိုဟောင်းလွန်းသော	하웅룽도	오래된
~လွန်းသော	룽도	너무 ~한
နံရံ	낭양	벽
cf) အုတ်ချပ်	오웃챳	벽돌
ဟေ့	헤	~야
ဟစ်ကြွေးဆဲ	삣쭈웨세	소리 지르다.
သက်သေပြ တယ်	뗏떼데	증명하다.
ရာစုနှစ်	얏수닛	세기
ပေးဆပ် တယ်	뻬셋데	물려주다
အမွေ	어므웨	유산
ပညာပန်းအတတ်များ	뻰냐빵어땟먀	미얀마의 유명한 기술 10가지
အနုအလု	어누어ှ라	예술
သုခုမလက်ရာ	두쿠마렛야	재능, 손기술, 예술
ကမ္ဘည်း	거비	명패
သွေးစက်	뜨웨쎗	핏방울
ခြယ်သထား တယ်	체다타데	발라두다.
ဂိဏဉ်	위닝	귀신
သူရဲကောင်း	두예가웅	영웅
လုံရာ	ှ랑야	벤 자국
ဓားချက်	다쳇	칼자국
ပုံရိပ်	뽕예잇	형상, 이미지
ပျံ့ တယ်	뻬앙데	번지다.

ပျံ တယ်	삐앙데	날다.
ပျောက် တယ်	삐야옷데	사라지다.
သာသနာ	따다나	종교
အလင်းတန်းများ	어링땅먀	빛들
ထိန်ထိန်ညီး တယ်	테인테인니데	(불을) 밝히다.
ရဟန်းမြတ်	야한미엣	위대한 승려
ထွန်းညှိ တယ်	퉁니데	(불을) 켜다. 밝히다.
ပထမဆုံး	빠타마송	첫 번째

📷 푸타오 얼음산
미얀마 북쪽 푸타오에서는 만년설을 볼 수 있다!

Let's sing 4

미에잉싱 - 등불

မီးအိမ်ရှင် 미 에잉싱 - 등불

တေးဆို- ဆိုတေး ခဲ့ပြီ (노래) : 소뻬

ဒီမှာ ငါ့တစ်ယောက်တည်း အဖော်မဲ့ လွမ်းခဲ့ရပြီ ညဉ့်နက်ထဲ

디마　　응아더야웃테　　　어포메　　르왕케야비　　냥넷테

여기 한 사람만이 짝이 없이 그리워하면서 밤늦게

နင့် အကြောင်း အမြဲတမ်းတွေးကာ အိပ်မရခဲ့

닝　어짜옹　　어메당드웨가　　에잇머야케

당신에 관해 항상 생각하면서 잠을 못 잡니다.

နင် ပြန်လာမယ်ဆို ငါ မျှော်နေမှာ တကယ်ပါ ရူးသွပ်ခဲ့ ငါ သိပ်ချစ်ခဲ့လို့ ပါ

닝　뻬앙라메소　응아묘네마　　　　더게바　　유똣케　응아 떼잇칫케로바

당신이 돌아온다고 말해서 나는 기다릴 거예요. 진짜로 미쳤어요. 내가 너무 사랑해서요.

ငါ့ ဘဝရဲ့ နတ်သမီးလေးက မင်းပါ ခွဲမသွားနဲ့

아　버와예　　낫떠미레가　　밍바　크웨머뜨와네

내 인생의 천사가 바로 당신이에요. 떨어지려 하지 마세요.

ယုံကြည်စွာ အတူ ကြင်နာနိုင်မလား

용지스와　　어뚜　　찡나나잉머라

믿음으로 함께 챙겨주세요.

~ ** A ** ~

(ငါ့ဘဝရဲ့ မီးအိမ်ရှင်ပါ.....ငါ့ဘဝရဲ့ ပွဲကိုင်ရှင်လေးပါ

응아 버와예   미에잉싱바..   응아버와예   뻬까잉싱레바

(내 인생의 등불… 내 인생의 선두….

ငါ့ ဘဝရဲ့ တန်ခိုးရှင်ပါ ငါ့ ဘဝရဲ့အားအင်ပေါ့ နင်ဟာ လမင်းလေးပါ) **

응아 버와예   더고싱바   응아 버와예   아잉보   닝하라   밍레바

내 인생의 도사, 내 인생의 힘이에요. 당신은 나의 달님이에요.)**

ဒီ တစ်ယောက်ပဲ ဒီ တစ်ယောက်ပဲ....

디   떠야웃베   디   떠야웃베

여기 한 사람이… 여기 한 사람이.

📷 바간 인형극

미얀마에도 인형극이 유명했다!

4. 등불 **33**

'등불' 주요 어휘

미얀마어	발음	해석
အဖော်	어포	동료, 짝
လွမ်း တယ်	루앙데	그리워하다.
ညနက်	냐넷	늦은 밤
မျှော်လင့် တယ်	묘링데	기대하다.
ရှူးသွပ် တယ်	유풋데	미치다.
နတ်သမီး	낫떠미	천사
ခွဲသွား တယ်	크웨드와데	갈라져 나가다, 헤어지다.
ယုံကြည် တယ်	용찌데	믿다.
ကြင်နာ တယ်	찡나데	챙겨주다, 다정하다.
မီးအိမ်ရှင်	미에잉싱	등불
ပွဲကိုင်ရှင်	베까잉싱	선두를 잡은 사람
တန်ခိုးရှင်	더코싱	도사
လမင်း	라밍	달님

လွမ်းလွန်းလို့ 르왕룽로 - 너무 그리워서

တေးဆို-ရဲရင့်အောင် 어쏘도(가수): 예인아웅

နင် မရှိဘဲ မနေတတ်တဲ့ ငါ့ အားနည်းချက်
닝　머시베　머네땃데　 아 　아나쳇

네가 없이 살 수 없는 나의 약점이다.

ဘာပဲလုပ်လုပ် တစ်ယောက်တည်းမို့လို့ ပင်ပန်းနေတယ်
바베로웃로웃　　 떠야옷테모로 　　　 뼁빵네데

뭘 하든 혼자라서 힘이 든다.

နင် ငါ့နား ရှိချိန်တွေ ပြန်လည်သတိရနေတယ်
닝　 응아나　시쳬잉드웨　 삐앙레　 더디야네데

네가 내 곁에 있는 시간을 다시 그리워하고 있다.

နင်ရဲ့ အငွေ့အသက်များကို ငါ တမ်းတဆဲ
닝예　어응웨　어펫먀고　 응아　땅따세

네 가슴의 숨소리들을 나는 염원하고 있다.

ဒီမှာ အိပ်ရာနိုးလည်း ငါ မထသေးဘူး
디마　 에잇야노레　　응아머타데부

여기 잠에서 깨어도 나는 일어나지는 않았다.

အရင်လို ဖုန်းဆက်နှိုးမယ့် နင့်ဖုန်းကို စောင့်မိဆဲ

어잉로   퐁쎗노메   닝퐁고   싸웅미세

예전처럼 전화를 걸어서 깨워줄 너의 전화를 기다리는 중이다.

ဒါမဖြစ်နိုင်မှန်း ငါ ကြိုသိထားလည်း

다 머핏나잉몽   응아   쪼띠타레

이게 예전처럼 안 된다는 것을 이미 알고는 있지만….

နင်မရှိလို့ ရှုပ်ယှက်ခက်နေတဲ့ အခန်းလေးထဲ

닝 머시로   숏셋켓네데   어캉레테

네가 없어서 마음이 복잡한 방에서….

~ ** A ** ~

(ငါ တစ်ယောက်တည်း မဖြစ်တဲ့ ဘဝမို့ ငါ့ရဲ့ အနားနင် ပြန်လာပါ ...

응아   떠야웃테   머핏테   버와모 아예   어나닝   뻬앙라바

(나 혼자서는 안 되는 인생이라서 나의 곁으로 너 돌아와라….

ငါတစ်ယောက်တည်း မဖြစ်တဲ့ ဘဝမို့ တစ်နေ့နေ့တော့ နင် ပြန်လာမလား။

응아 떠야웃테   머핏데   버와모   떠네네도   닝 뻬앙라머라

나 혼자서는 안 되는 인생이라서 언젠가는 너 돌아올 거지?

အိပ်မက်ဆိုးများကြားထဲ အခုထက်ထိ ငါ ကြိုရာမရ ...

에잇멧쏘먀   짜테   어쿠텟티   응아쫑야머야

악몽들 사이에서 지금까지 나는 무엇을 해야 할지 모른다.

နင်မသိဘူးလွမ်းလွန်းလို့. သေနိုင်တယ် x 2   နင်မသိဘူး လွမ်းလွန်းလို့.)**

닝 머띠부   루앙룽로   떼나잉데 x 2   닝머띠부   루앙룽로

너는 모른다. 너무 그리워서 죽을 수도 있다. X 2 너는 모른다. 너무 그리워서…)**

နင်မရှိတော့ အရာအားလုံး အမှောင်ဖုံးသွားခဲ့

닝 머시도   어야아롱   어마웅퐁드와케

네가 없는 모든 것은 어둠이 덮어버렸다.

အမှန်တိုင်းလည်းမမြင်တတ်ခဲ့. ငါအခုထိ ကန်းနေဆဲ

어흐망다잉레   머밍데케   응아어쿠티   깡네세

똑바로 볼 수가 없다.   나는 지금까지 눈이 안 보인다.

အတူသွားဖူးတဲ့. နေရာများရောက်ရင်

어뚜뜨와푸데   네야먀야옷잉

함께 갔던 곳들에 가면

အတိတ်က အကြောင်းများတွေးကာ ငါ မျက်ရည်ဂဲ

어데잇가   어짜웅먀드웨가   응아 미엣이웨

과거의 이야기들이 생각나면서 눈물이 고인다.

ဒီမှာ ညဉ့်နက်သွားလည်း ငါ မအိပ်သေးဘူး

디마   냥넷드와레   응아 머에잇떼부

여기 밤중에도 나는 잠을 못 자고 있다.

---

38   01 노래들

အရင်လို အနားမှာ ရှိမယ့် မင်းကိုတမ်းတဆဲ

어잉로　　어나마　　시메　　밍고땅따세

예전처럼 곁에 있을 너를 되새기면서….

ဒါမဖြစ်နိုင်မှန်း ငါ ကြို့သိထားလည်း

다 머핏나잉몽　　아　　쬬띠타레

이게 (예전처럼)안 된다는 것을 나도 이미 알지만,

နင်မရှိလို့ ရှုပ်ယှက်ခက်နေတယ် အခန်းငယ်လေး

닝 머시로　　숏셋켓네데　　어캉응에레

네가 없어서 마음이 복잡한 작은방이다.

~ ** Go to A … ** ~

နင် အရင်လို အနားနားရှိဖို့ ငါမျှော်လင့်

닝　어잉로　　어나나시포　　아묘링

네가 예전처럼 내 곁에 있기를 기대한다.

အတူပျော်ဖူးတဲ့ နေ့ရက်တိုင်းကို

어뚜 뾰푸데　　네엣다잉고

함께 행복했던 날들 모두를

ငါ ဘယ်အရာနဲ့မှ အစားမထိုးနိုင်ပါဘူး

응아 베어야네마　　어싸머도나잉바부

나는 어떤 것과도 대신할 수는 없다.

သံယောဇဉ် လက်ကျန်လေးကို ငဲ့လို့ နှင် ငါ့နားကို
땅요징   렛짱레고   응에로 닝 응아나고

남아있는 정을 봐서 좀 봐줘라. 네가 나를.

~ ** Go to **A** ** ~

💡 '너무 그리워서' 주요 어휘

미얀마어	발음	해석
အားနည်းချက်	아네쳇	약점, 단점
ဘာပဲ လုပ်လုပ်	바베로웃로웃	뭘 하든지 간에
cf) ဘာပဲ V + V	바페 V + V(동사 반복)	뭘 V하든지 간에
အငွေ့အသက်	어응웨어뗏	숨 쉬는 것. 숨소리
တမ်းတ တယ်	땅따데	염원하다, 갈구하다.
အိပ်ရာနိုး တယ်	에잇야노데	잠에서 깨다(완전히 일어난 건 아님).
ရှုပ်ယှက်ခတ် တယ်	쇼웃셋데	복잡하다.
တစ်နေ့တော့	떠네도	언젠가는
အိပ်မက်ဆိုးများ	에잇멧소먀	악몽
အခုထက်ထိ	어쿠텟티	지금까지
ကြံရာမရ	짱야머야	뭘 할지 모르다.
အမှောင်	어마웅	어둠
ဖုံးသွား တယ်	퐁뜨와데	(뚜껑으로) 덮어가다.
ကန်းနေ တယ်	깡네데	눈이 안 보이다.
အတိတ်က	어데잇까	과거

မျက်ရည်ဝဲ တယ်	미엣이와데	눈물이 고이다.
ညဉ့်နက်	니넷	밤중 (23시~03시)
မျှော်လင့် တယ်	묘링데	기대하다.
အစားထိုး တယ်	어싸토데	대신하다.
သံယောဇဉ်	땅요징	정
လက်ကျန်လေး	렛짱레	조금 남아 있는 것
ငဲ့ တယ်	※ㅇ에데	(사정을) 봐주다.
ex) မိဘကို ပြန်ငဲ့ရမယ်	미바고삐앙ㅇ에야메	부모님 (사정을)좀 봐줘요.

📷 삔우린 정원

삔우린의 멋진 정원에서 시원한 여름휴가를~!

※ ㄷ(응아, ㅇ아, 아) 발음은 한국사람에게는 어려운 발음이다. 비음을 섞어서 '응아'를 하나의 음 '아'로 섞어 내야 하지만 그게 쉽지 않다. 본 책에서는 '응아'와 'ㅇ아', '아'를 노래 흐름/표기 공간 등을 고려해서 적절히 혼용하여 표기하였다. (예: 악보에는 '아'로 표기, 해석 부분에는 '응아' 또는 'ㅇ아'로 표기)

 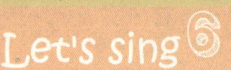 

အတွင်းကြေ (어뜨윙제) - 마음속이 구겨짐

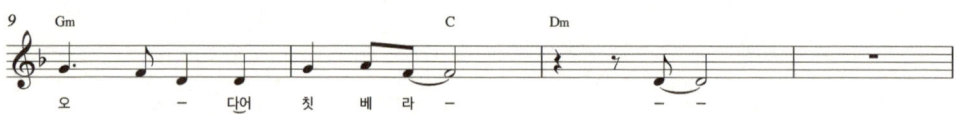

အတွင်းကြေ 어뜨윙제 - **마음속이 구겨짐**

အဆိုတော် ။ ကော်နီ 어쏘도(가수): 코니

ရင်မှာခံစား သူမမြင်နိုင်ပေ အသည်းထဲက အတွင်းကြေ
잉마칸사   두머밍나잉베   어떼테가   어뜨윙제

가슴속에 느낀 고통을 그는 알 수 없어요. 내 간 속에서, 속이 구겨져요.

နတ်သမီး အပြုံး မာန်နတ် အမုန်း အချိုးအကွေ့နဲ့ တွေ့ကြုံ ဇာတ်လမ်းမျိုးစုံတဲ့
낫떠미   어뿐   망낫   어몽   어쵸어끄웨네   드웨쫑   잣랑묘송데

천사의 웃음, 악마의 미움 굽이굽이 드라마 같은 것들을 겪었어요.

ရင်ထဲမှာလည်း တုန်ခါနေပြီထိခိုက်တဲ့ အသည်းအိမ်မှာ သွေးထွက်ပြီ
잉 테마레   똥카네비   티카잇데   어떼에잉마   뜨웨트윗뻬

가슴속에서 흔들리고 있어요. 상처 난간에서 피가 튀어나와요.

~ ** A ** ~

(အိုး..ဒါ အချစ်ပဲလား အိုး..ငါရှုံးနိမ့်ပြီလား
오 다 어칫뻬라   오   아슝네잉비라

(오, 그게 사랑인가요? 오, 내가 진 건가요?

အသည်းနှလုံးထဲ အဆိပ်တွေကို ဘယ်သူထည့်သွား)**
어떼ㅎ너롱데   어쎄잇드웨고   베두테뜨와

내 간과 심장 속에 독들을 누가 넣었나요?)**

6. 마음속이 구겨짐 **43**

~ ** B ** ~

(ရင်မှာ ခံစား သူမမြင်နိုင်ပေ အသည်းထဲက အတွင်းကြေ

잉마   칸사   뚜머밍나잉베   어떼데가   어뜨웡제

(가슴속에 느낀 고통을 그는 알 수 없어요. 안방 속에서, 속이 구겨져요.

ဒီဒဏ်ရာများ လူတွေ မသိနိုင်ပေ

디 당야먀   루드웨   머띠나잉베

이 상처들을 사람들이 알 수 없어요.

အသည်းထဲက အတွင်းကြေ / အသည်းထဲမှာ အတွင်းကြေ) **

어떼데가   어뜨웡제   /   어떼데마   어뜨웡제

내 간 속에 속이 상해요.   /   내 간 속에 속이 상해요.

~ ** Repeat A ** ~

လူတိုင်းရဲ့ အမြင်မှာလည်း တို့ဘဝက ပျော်ရွှင် ပြည့်စုံနေ

루다잉예   어밍마레   도 버와가   뽀쉰   삐쏭네

사람들의 시선에서는 나의 삶이 즐겁고 완벽해 보여요.

ဘယ်သူမှ မသိ ဒီရင်ထဲ တမြေ့မြေ့နဲ့ ကျမ်းလောင်တဲ့ ဖွဲ့မီးလိုပဲ

베두마   머띠 디 잉테   더미에미에네   쭈앙라웅데   프웨미로베

누구도 몰라요. 이 가슴속에 잔불이 지글지글 타는 장작불이란 것을.

~ ** Repeat A ** ~

💡 '마음속이 구겨짐' 주요 어휘

미얀마어	발음	해석
နတ်သမီး	낫떠미	천사
အပြုံး	어뽕	웃음
မာန်နတ်	만낫	악마, 부처와 싸우는 악신
အချိုးအကွေ့	어쵸어끄웨	굽이굽이
တွေ့ကြုံတယ်	뜨웨쭝데	겪다.
ဇာတ်လမ်းမျိုးစုံ	잣랑묘송	여러 종류의 드라마들
တုန်ခါတယ်	동카데	흔들리다.
အသည်းအိမ်	어떼에잉	간
ရှုံးနိမ့်တယ်	숑네인데	지다, 패배하다.
အဆိပ်	어쎄잇	독
အတွင်းကြေ	어뜨윙제	속이 구겨짐, 속상함, 속의 상처
ပျော်ရွှင်တယ်	뾰쉰데	즐겁다, 행복하다, 기쁘다.
ပြည့်စုံတယ်	삐송데	완전하다, 완벽하다.
တမြေ့မြေ့	더미에미에	지글지글
ကျွမ်းလောင်တယ်	쭈앙라웅데	은근히 계속 타다.
ဖွဲမီး	프웨미	겻불(벼 껍질을 모아놓고 태우는 불)

6. 마음속이 구겨짐

ဝမ်းနည်းတတ်တဲ့ ချစ်သူ   원네맞데 칫두 - 슬퍼하는 연인에게 7

ဗေးဆို- idiot   페소(노래): Idiot

အားတင်းထားပါဦး မငိုနဲ့ကွာ ဆက်ပြီးတော့ အရှုံးမပေးဘူးနော် ငါတို့ ဘဝအတွက်ပေါ့

아 띵타바옹   머옹·에네끄와 쌧비도   아숑머뻬부노   아도   버와어뜨웻보

힘내세요,   계속 울지 마세요.   지지 않을 거예요. 우리 삶을 위해서

အတူကြိုးစားခဲ့တာပဲ ကံတရားက ထင်သလောက်တော့ မရက်စက်ခဲ့တဲ့ အတွက်

어뚜 쬬사케다베   깡더야가   팅더라웃도   머옛쌧케데   어뜨웻

같이 노력했잖아요.   운명이 생각보다 각박하지는 않아서

တို့နှစ်ယောက် မျှော်လင့်နိုင်ပါသေးတယ်

도 너야웃   묘링나잉바데데

우리 둘이 (아직) 기대할 수 있을 거예요.

~ ** A ** ~

(အုတ်တစ်ချပ်နဲ့ သဲတစ်ပွင့်နဲ့ ဆောက်ခဲ့ပြီးမှ..

오웃더초웃네   떼더브웨네   싸웃케비마

(벽돌 한 개와 모래 한 줌씩 차곡차곡 지어야만 해요.

အိမ်မက်တို့ မပေးတော့လို့ ..အားမလျှော့နဲ့ ဆက်လျှောက်မယ်

에잉멧도   머웨도로   아머쇼네   셋샤웃메

꿈이 멀지 않으니 힘을 빼지 말고 계속 걸어가요.

ဘော်ဘီ မင်းမျက်လုံးတို့ အားဖျော့လိုက် ငါ့ရဲ့ ပုခုံးထက် မေးစက်လိုက်

베이비 　 밍미엣롱도 　 아표라잇 　 아예 　 버고웅텟 　 흐메셋라잇

내 사랑, 눈에 힘을 빼고 내 어깨 위에 눈을 감고 잠시 쉬세요.

အခက်ခဲများ အတွက် ငါ့ရှေ့က ရှိတာပဲ

어켓케먀 　 어드웻 　 아쉐가 　 시다베

어려움에 대해서는 내가 앞에 있잖아요.

ဘယ်လို အဆိုးဆုံးနေ့တို့ ဖြတ်ရလဲ

베로 　 어쏘송네 　 도 피엣야레

어떻게 가장 나쁜 날들을 가로질러 가야 할지….

ရောင့်ရဲတဲ့အတွက် ကျေးဇူးတင်တယ် / နောက်ထပ် အဆိုးတို့ မရှိဖို့ ကတိတွေပဲ

야웅예데어드웻 　 쩨주띵데 　 / 나웃텟 　 어쏘도 　 머시포 　 거디드웨베

만족하기 때문에 감사해요. 　 / 다시 나쁜 것들은 없을 거라고 약속해요.

လာပါ ဝမ်းနည်းတတ်တဲ့ ချစ်သူ အားမငယ်နဲ့)**

라바 　 웡네닷떼 　 칫두 　 아머웅에네

이리 와요, 슬퍼하는 연인아. 기죽지 마세요.)**

ဘဝရဲ့ အဓိပ္ပါယ်ကို ငါတို့ အတူ ဖွင့်ပြီးတော့ ဆက်ကြိုးစားကြမယ်

버와예 　 어데베고 　 아도 　 어뚜 　 프윙비도 　 쎗쪼사자메

삶의 의미를 우리 함께 열어서 계속 노력해요.

ဘာများခက်လို့လဲ   မနက်သစ် မရောက်ခင် သာအမှောင်ထုဟာ ကြာလွန်း ခဲ့

바먀   켓로레   머넷핏   머야웃킹   따어마옹투하   짜롱케

뭐가 어려워요, 새 아침이 오기 전에 어둠의 두께가 제일 두꺼운 거예요.

နွေးထွေးခြင်းတို့နဲ့ နေမင်းရဲ့ အလင်းရောင်လာတော့မယ်

느웨트웨칭도네   네밍예   어링야웅라도메

따뜻함과 태양의 빛이 올 거예요.

~ ** Repeat A ** ~

ဝမ်းနည်းရတဲ့နေ့တွေ ပြန်ရေတွက်ဦးဟော့မဆို စလောက်လေးပါ နင် ယုံကြည်ထားပေး

웡네야데   네드웨   뼁앙예드웻오헤머쏘   싸라웃레바   닝   용지타베

슬픈 날들을 다시 세어보세요.   별로 많지 않아요. 믿어보세요.

တစ်နေ့နေ့ အကောင်းဆုံးဖြစ်မယ် အားတင်းထားလိုက်တော့

떠네네   어가옹송핏메   아띵타라잇도

언젠가 최고로 잘될 거예요. 힘내세요.

တဒင်္ဂလေးပဲ လာပါဦမနေတော့နဲ့

더딩가레베   라바오머네도네

짧은 순간이에요. 이리 와요, 울지 마세요.

~ ** Repeat A ** ~

(လာပါ ဝမ်းနည်းတတ်တဲ့ ချစ်သူ အားမငယ်နဲ့) x 3

라바　　　　웡네닷데　　　　칫두　아머웅에네

이리 와요, 슬퍼하는 연인아. 기죽지 마세요. x 3회

အားတင်းထားပါဦး မငိုနဲ့ကွာ ဆက်ပြီးတော့ အရှုံးမပေးဘူးနော် ငါတို့ ဘဝအတွက်ပေ့ါ

아 띵타바웅　　　　머웅에네꼬와 쎗삐도　　　　어슝머뻬부노　　아도　　버와어드웻보

힘내세요. 계속 울지 마세요. 지지 않을 거예요. 우리 삶을 위해서….

'슬퍼하는 연인에게' 주요 어휘

미얀마어	발음	해석
အားတင်းထား တယ်	아띵타데	기운 내다.
တင်းထား တယ်	띵타데	팽팽하다.
ဆက်ပြီးတော့	쎗삐도	계속해서
အရှုံးပေး တယ်	아슝뻬데	지다, 패배하다.
ကံတရာ	깡더야	운명
ထင်သလောက်တော့	팅더라웃도	생각했던 만큼은
ရက်စက် တယ်	옛셋데	잔인하다.
အုတ်တစ်ချပ်	오웃더챳	벽돌 한 개
သဲတစ်ပွင့်	떼더쁘웡	모래 한 줌
ပုခုံး	뻐콩	어깨
မှေးစက် တယ်	ㅎ메쎗데	눈을 감고 쉬다.(자는 게 아님)

တရားထိုင် တယ်	떠야타잉데	명상하다.
ဖြတ်ကျော် တယ်	피엣쪼데	가로질러 가다.
ရောင့်ရဲ တယ်	야웅예데	만족하다.
cf) ရောင်း တယ်	야웅데	팔다.
cf) အားငယ် တယ်	아응에데	기죽다.
cf) သိမ်ခယ်တယ်	떼인응에데	초라하다.
နွေးထွေးခြင်း	느웨트웨칭	따뜻함
နေမင်း	네밍	해님
တဒင်္ဂလေး	더딩갈레	짧은 찰나 순간

📷 더딩줏 축제
사람이 돌리는 회전관람차, 한번 타보실래요?

Let's sing 8

နေချင်တာ မင်းအနား : 네친다 밍어나 - 살고 싶은 게 너의 곁

နေချင်တာ မင်းအနား 네친다 밍어나 - 살고 싶은 게 너의 곁 ⑧

သံစဉ် / စာသား : ပူစူး 딴싱/사따(작곡/ 작사): 뿌수

တေးဆို : ပူစူး 떼소(노래): 뿌수

နင်ဟာ ငါ့ကောင်းကင် တစ်ခုပါ ‖	ငါ ပိုင်သမျှ နင့် တစ်ယောက်တည်းပါ ‖
닝하 응아까옹낑 더쿠바	응아 빠잉더먀 닝 떠야옷테바
당신은 나의 단 하나의 하늘이에요.	내가 가진 것은 당신 한 명뿐이에요.

ငါ အချိန်တိုင်း နင့်ရဲ့ အနားမှာ	နင် လိုသမျှ ဖြည့်ဆည်းချင်လို့ပါ ‖
응아 어체잉다잉 닝 예어나마	닝 로더먀 피에시칭로바
나는 시간마다 너의 곁에 있어요.	당신이 필요한 모든 것은 채워주고 싶어서예요.

ဘာကိုမှ ငါ မမျှော်လင့်ပါ နင့်အတွက်ပဲ ‖
바고마 응아 머묘링바 닝어뜨웻베
아무것도 바라지 않아요. 당신을 위해서일 뿐이에요.

နင် ကြေကွဲ အားငယ်တဲ့အခါ	ငါ နင့်အနား နှစ်သိမ့်မြဲပါ
닝 쩨끄웨 아옹에데어카	응아 닝어나 ㅎ닛떼인메바
당신이 괴로워하고 기운이 없을 때	나는 당신 곁에서 항상 위로해줄게요.

ငါ တစ်ယောက်တည်း မဖြစ်နိုင်လို့ပါ ‖	နင် ဘယ်သွားသွား ငါ့ကို ခေါ်ပါ ‖
응아 떠야옷테 머핏나잉로바	닝 베뜨와뜨와 응아고 코바
나 혼자서는 안 돼서요.	당신이 어디를 가든지 나를 불러주세요.

ငါ ဆန္ဒတွေရယ် အလှမ်းကွာ ။ တကယ်ကို ငါ မင်းအနားမှာ နေချင်ပေမယ့်လည်းပဲ

응아 싼다드웨예   어랑ㄲ와   더게고   응아   밍어나마   네칭베메레베
내 소원들과는 발길이 멀어요.   사실은 나는 당신 곁에 있고 싶지만….

~ ** A ** ~

(အတူတူ နေဖို့ ဘယ်လောက်အထိ ဝေးရမလဲ ။

  어뚜두   네포   베라웃어티   웨야머레

(함께 살기 위해서 얼마나 더 멀리 있어야 하나요?

အတူတူ ပျော်ဖို့ ဘယ်လောက် ကြေကွဲရမလဲ ။

  어뚜두   뾰포   베라웃   쩨ㄲ웨야머레

함께 살기 위해서 얼마나 괴로워해야 하나요?

ငါ ဒီလို မျှော်လင့်ရင်းမောပြီး (ဝေးပြီး) ။

응아 디로   묘링잉묘비   (웨비)

나는 이렇게 기대하면서 가슴이 벅차오르고

အချိန်တွေသာ ဒီလိုနဲ့ လည်ပတ်ခဲ့ပါပြီ)**

  어체잉드웨다   디로네   레빳케바비

멀어지고 시간만 이렇게 계속해서 돌고 있네요.)**

'살고 싶은 게 너의 곁' 주요 어휘

미얀마어	발음	해석
ကောင်းကင်	까웅낑	하늘
ပိုင် တယ်	빠잉데	소유하다, 가지다.
V + သမျှ	V+더먀	V 한 모든 것
ဖြည့်ဆည်း တယ်	피씨데	채우다(사람에게 필요한 것을), 만족시키다.
cf) ဖြည့် တယ်	피데 or 페이데	채우다(물건을)
cf) ပြည့် တယ်	삐데 or 뻬이데	차다.
ဘာမှ	바ㅎ마	아무것도(주어)
cf) ဘာကိုမှ	바고ㅎ마	아무것도 (목적어)
ကြေကွဲ တယ်	쩨끄웨데	속상하다, 절망하다, 괴로워하다.
cf) နှစ်သိမ့် တယ်	ㅎ닛떼인데	위로하다.
ဆန္ဒ	산다	소망
အလှမ်း	어ㅎ랑	발걸음
ကွာ တယ်	끄와데	다르다, 멀리 있다, 차이 나다.
မော တယ်	모데	숨차다, 벅차다.
လည်ပတ် တယ်	레빳데	돌다.

Let's sing

ပထမဆုံး အချစ် (First Love) ဗာတမာဆောင် အချစ် - 첫사랑

ပထမဆုံး အချစ် (First Love) 빠타마송 어칫 - **첫사랑**

တေးဆို - ဝိုင်းဆုခိုင်သိန်း 떼소(노래): 와인수카인떼인

အလွမ်းရဲ့ ညနေမျိုးတွေ ဆုံတဲ့အခါ ပုံပြင်ဟောင်းလေး တစ်ပုဒ် လှုပ်ခတ်နိုးလာ ॥

어루앙예 냐네묘드웨 쏭데어카 뽕빙하웅레 더보웃 흐룻켓노라

그리움의 저녁과 만날 때 옛날이야기 하나가 흔들어 깨워요.

မေ့နိုင်ခဲ့မယ် ထင်တဲ့ အကြောင်းအရာများ နှလုံးသားထဲမှာ ပြန်တမ်းတ ॥

메나잉케메 팅데 어짜웅어야먀 흐너롱따테마 삐앙땅다

잊을 수 있을 거라고 생각한 것들을 심장 속에서 다시 염원하네요.

အချစ်ရဲ့ လိပ်ပြာငယ်တွေ လေထဲမှာ ၊ တိမ်တွေလည်း လွင့်နေဆဲပါ ॥

어칫예 레잇빠응에드웨 레테마 / 떼인드웨레 흐릉네쎄바

사랑의 나비들이 공중에, 구름도 흘러다니고 있네요.

အတွေးတွေထဲ လာထင်တဲ့ အရိပ်တွေက အခုထက်ထိ အောင် ပြူစားလား

어뜨웨드웨테 라팅데 어예잇드웨가 어쿠텟티 아웅쀼사라

상상 속에 떠오르는 그림자들이 아직도 마술을 부리고 있나요?

~ ** A ** ~

(First Love, ပထမဆုံး ဘဝ ၊ ပထမဆုံး ကမ္ဘာ ၊ ပထမဆုံး နှလုံးသား ॥

First Love, 빠타마송 버와 / 빠타마송 거바 / 빠타마송 흐너롱다

(첫사랑, 첫 번째 삶, 첫 번째 세상, 첫 번째 심장.

ဟိုအရင်တုန်းက ရင်ခုန်တုန်းက အဖြူစင်ဆုံး ခဏ) **

호어잉동가　　잉콩동가　　어퓨싱송　커나

예전에 가슴 뛰었을 때 제일 깨끗했던 그 순간)**

တကယ်တော့ ခုချိန်မှာလေ နေသားတကျ တည်ငြိမ်ဖို့ ကြိုးစားနေတဲ့အခါ

더게도　　쿠체잉마레　　네다더자　　떼에잉포　　쬬사네데어카

사실 지금 제자리에서 가라앉히려고 노력하고 있을 때…

အငွေ့အသက်လို အိပ်မက်လေးလိုလည်း ထားခဲ့သင့်ပြီ မဟုတ်လား ။

어응웨 어뗏로　　에잇멧레로레　　타케띵비　　머호웃라

연기처럼, 꿈처럼…　그냥 놔둬야 하는 것 아닌가요?

~ ** Repeat A ** ~

အလွမ်းရဲ့ ညနေ မျိုးတွေ ဘယ်အထိများ ဒီလိုပဲ ထပ်ကြုံ ဦးမှာ ။

어루앙예　냐네　묘드웨　베어티먀　디로베　탓쫑우마

그리움의 저녁과 만날 때 언제까지나 이렇게 겪어야 될 건가요?

~ ** Repeat A ** ~

💡 '첫사랑' 주요 어휘

미얀마어	발음	해석
ပုံပြင်ဟောင်း	뽕빙하웅	옛날이야기
တစ်ပုဒ်	더보읏	(노래)한 곡
တစ်ပိုဒ်	더바잇	(시, 글)한 편
လှုပ်ခတ်နိုး တယ်	흐룻캇노데	흔들어 깨우다.
လိပ်ပြာငယ်	레잇뺘웅에	작은 나비
တိမ်	떼인	구름
လွင့်တယ်	흐르윙데	흘러다니다, 휘날리다, 버리다.
အရိပ်	어예잇	그림자
ပြူစား တယ်	쀼사데	(사기를 쳐서, 속여서)해먹다, 마술을 부리다.
ရင်ခုန် တယ်	잉콩데	가슴이 뛰다.
နေသားတကျ	네다더자	제자리에서
တည်ငြိမ် တယ်	떼엥인데	가라앉히다.
အငွေ့အသက်	어응웨어뗏	연기, 숨소리

📷 인레호수 어부
낚시하는 방법이 독특해요~!

9. 첫사랑

Let's sing 10

မင်း သိဖို့ ကောင်းတယ် 밍띠포 까웅데 - 당신이 알았으면 좋겠어요

မင်း သိဖို့ ကောင်းတယ် 밍띠포 까웅데 - 당신이 알았으면 좋겠어요

တေးဆို ။ မျိုးကြီး 떼소(노래): 묘지

ကန်တော်ကြီး အင်းလျားလည်း မသွားချင် ကိုယ်လေ မသွားဘူး

깐도지　　　　　인야레　　　　머뜨와칭　　　고레　　　머뜨와부

깐도지도 인야도 가기 싫어서 안 가요.

ပြန်မြင်ယောင်ကာ ဆွေးနိုင်တယ်

뻬앙 밍야옹가　　　　스웨나잉데

다시 떠오르고 그리워할 수 있거든요.

နှစ်ယောက်သား သွားဖူးတဲ့ ဘုရားပေါ်မှာ ခိုဖလးများ ကိုယ်လာရင် မေးငေ့ကြမလား

ㅎ너야웃따　　　뜨와푸데　　　퍼야보마　　코퍼라먀　　　꼬라잉　　　메오자머라

둘이서 갔던 사원에 비둘기들이 내가 가면 흉볼까요?

အကြောင်းအမျိုးမျိုးကြောင့် ကိုယ်ငြင်းရခက်တော့ စင်ပေါ်တက်ရတဲ့ အခိုက်အတန့်လေး

어짜웅 어묘묘　　　시로　　꾸잉야켓도　　　씽보펫야데　　　어카잇어땅레

여러 가지 이유가 있어서 거절하기 어려워서 무대에 올라가야 하는 순간에도

ထိုင်နေကျ ရှေ့က မင်း ရှိရာ ခုံလေးသို့ ဟို အရင်လို မကြည့်ဝံ့ဘူး

타잉네자　쉐가　　밍시야　　콩레도　호　어잉로　머찌용부

당신이 앉아있던 앞자리에 당신이 있던 의자 쪽을 예전처럼 바라볼 용기가 없어요.

မင်း သိဖို့ ကောင်းတယ်

밍   띠포   까웅데

당신이 알았으면 좋겠어요.

စွဲမိတဲ့ မင်းရဲ့ အပြုံးလေးတွေ ချိုသာတဲ့ စကားများ

스웨미데 밍예   어뽕레드웨   쵸따데   사가먀

내가 푹 빠진 당신의 미소들이, 달콤한 말들이 사라지면 살 수 없어요.

ပျောက်ကွယ်ရင် မနေတက်လို့ ယောင်ချာချာ ဖြစ်ခဲ့ရ

빠웃꾸웨잉   머네뗏로   야웅차차   핏케야

그래서 망설이고 뭘 해야 될지 모르겠어요.

အဖော်တွေ ကောင်းပေမယ့်လည်း ခဏလေး စိတ်ပြေရုံပဲရှိ မီးသေတယ်

어포드웨   까웅베메레   커나레   쎄잇 뻬에숑베시   미떼데

친구들이 좋지만 잠깐 동안만 마음이 풀릴 뿐이에요.

မထင်နဲ့ ကွယ် ကိုယ် တစ်ယောက်တည်း မသွားရဲဘူး

머팅네꾸웨   꼬   떠야웃테   머뜨와예부

그렇게 생각하지 마세요. 나 혼자서는 갈 용기가 없어요.

အရင်လို အင်အားမရှိ ဘယ်ရုံမှာ ဘာကား ပြ

어잉로   잉아머시   베용마   바까빠

예전처럼 힘도 없고, 어떤 영화관에서 어떤 영화를 상영하는지….

သတိရလို့ ဆွေးရမယ် ကိုယ့်အပြစ်များ

더디야로   스웨야메   꼬어뼷먀

그리워서 생각해요, 내 죄들을.

မင်း မပါတဲ့ ကိုယ့်ဘဝများ အိပ်မက်လေး မက်ဖို့ ကြောက်မိတယ်

밍   머빠데   꼬버와먀   에잇멧레   멧포   짜웃미데

당신이 없는 내 삶은 꿈을 꾸기도 무서워요.

ပြန်စဉ်းစား ဒီလူကို ထားသွားမလား

뻬앙신사   디루고   타프와머라

다시 생각해봐요. 이런 나를 두고 가버릴 건가요?

💡 '당신이 알았으면 좋겠어요' 주요 어휘

미얀마어	발음	해석
ကိုယ်လေ	꼬레	자신, 자기, 나
မြင်ယောင် တယ်	밍야옹데	떠오르다.
V ကာ	V 가	V하면서, V하다가
ဆွေး တယ်	스웨데	그립다
ခိုလေး	코레	비둘기
မေးငေါ့ တယ်	메오오데	흉보다, 비난하다.
အကြောင်း	어짜웅	이유, 이야기
ငြင်း တယ်	잉데	거절하다.
ခက် တယ်	켓데	어렵다.

စင်	씽	무대
အခိုက်အတန့်လေး	어카잇어땅레	시간, 순간
V + နေကျ	V 네자	V 하던, V해 있던
မ + V + ဝံ့ဘူး	머 V 웡부	감히 V할 용기가 없다.
စွဲမိ တယ်	스웨미데	중독되다, 푹 빠지다.
ချိုသာ တယ်	쵸따데	달콤하다.
ပျောက်ကွယ် တယ်	뼈야옷끄웨데	사라져버리다.
ယောင်ချာချာ ဖြစ် တယ်	야옹차차핏데	망설이게 되다, 방황하다, 헤매다.
စိတ်ပြေ တယ်	쎄잇뻬에데	마음이 풀리다.
V + ရုံပဲရှိ တယ်	V + 용베시데	V할 뿐이다.
မ + V + နဲ့	머 V 네	V 하지 마라.
မ + V + ရဲ့ဘူး	머 V 예부	감히 V 하지 못하다, 할 용기가 없다.
အပြစ်	어뼷	죄, 잘못
cf) အဖြစ်	어핏	(내)상황
အိပ်မက် တယ်	에잇멧데	꿈꾸다.

Let's sing 11

လမ်းဆုံ 란송 - 교차로

လမ်းဆုံ 란송 - 교차로

ေတးဆို ॥ ေဇာ်ပိုင် 떼소(노래): 조바잉

လမ်းဆုံမှာ ရပ်နေတဲ့ လူ နှစ်ယောက်တော့ ဆွေးနေတယ်
란송마　　　얏네데　　　루　　너야옷도　　　스웨네데

교차로에 서 있는 두 사람이 그리워하고 있어요.

ဘယ်သူလဲကွယ်...မင်းရယ် တို့ရယ်..
베두레끄웨　　　　　밍예　　　도예

누군가요? 당신과 나와….

ငိုချင်သော မျက်လုံးလေးတွေ ဟန်ဆောင်ကာ ပြုံးတာ
응오칭도　　　미엣롱레드웨　　　항싸웅가　　　뽕다

울고 싶은 눈들이 아닌 척 미소를 짓네요.

နင် သိတယ်... ငါလည်း သိတယ်
닝　띠데　　아레　띠데

당신도 알고 나도 알아요.

~ ** A ** ~

(သွားမယ်ဆို သွားပါကွယ် ဒီလို တစ်နေ့တော့ ဖြစ်လာမယ်
뜨와메소　　뜨와바끄웨　　디로　　떠네도　　핏라메

(갈 거면 가세요. 이렇게 언젠가는 될 거라는걸

ကြိုသိတယ် မင်းရယ်တို့ရယ်

쬬디데   밍예   도예

이미 알고 있었어요. 당신도 나도….

တကယ်ကို ပေါင်းစပ်မရတဲ့ ဘဝမို့ အတူ နေချင်သော်လည်းကွယ်

더게고   빠옹샀머야데   버와모   어뚜   네칭도레끄웨

정말 합치지 못할 삶이라서 함께 살고 싶지만….

ဒီဇာတ်လမ်းလေး မပြီးသေးခင် နေဝင်တယ်

디 쟛랑레   머삐데킹   네윈데

이 이야기가 끝나기 전에 해가 지네요.

နေ့ရက်များ သူ ပြန်သွားတော့မယ့် လမ်းတွေပေါ်မှာ

네옛먀   두   삐앙뜨와도메   랑뜨웨보마

낮에 그가 돌아서 갈 길 위에서

ကြေမွသွား...ကျန်နေသူ ဒဏ်ချက်တွေ

쩨므와뜨와   짠네두   낭쳇드웨

깨시고 남은 사람은 상처뿐이에요.

ပြန်မှာလား မပြန်ခင် စကား တစ်ခွန်းတော့ ပြောလိုက်မယ်နော်

삐앙마라   머삐앙킹   싸가   더쿵도   뾰라잇메노

돌아서 갈 건가요? 돌아서 가기 전에 이 말 한마디를 할게요.

11. 교차로 **67**

ကိုယ် ချစ်တယ် ကိုယ် အမြဲ ချစ်မယ်)**

꼬   칫데   꼬   어메   칫메

나는 사랑했어요. 나는 항상 사랑할 거예요.)**

~ ** B ** ~

(လမ်းဆုံမှာ ဘဝမဆုံပါ အို ကျောခိုင်းရမယ်နော်

랑송마   버와마송바 오   쬬카잇야메노

(교차로에서 삶이 끝나네요. 오, 등을 마주해야 해요.

ကျေနပ်တယ် တို့ ကျေနပ်တယ်

쩨낫데   도   쩨낫데

만족해요. 저는 만족해요….

တကယ်ကို ပေါင်းစပ်မရတဲ့ ဘဝမို့. အတူ နေချင်သော်လည်းကွယ်

더게고   빠웅 쌌머야데   버와모 어뚜   네칭도레끄웨

정말 합치지 못할 삶이라서 함께 살고 싶지만….

ဒီဇာတ်လမ်းလေး မပြီးသေးခင် နေဝင်တယ် ။)**

디잣랑레   머삐데킹   네윈데

이 이야기가 끝나기 전에 해가 지네요.)**

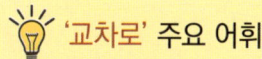 '교차로' 주요 어휘

미얀마어	발음	해석
လမ်းဆုံလမ်းခွဲ	란송란크웨	교차로
လမ်းခွဲ တယ်	란크웨데	(남녀가)헤어지다, 갈라서다.
ကွဲကွာ တယ်	끄웨끄와데	(남녀가)헤어지다, (부모, 부부가)이별하다.
N + ရယ်, N + ရယ်	N + 예, N + 예	N 하고 N하고
ငို တယ်	오데	울다.
V + (ချင်) + ဟန်ဆောင် တယ်	항싸웅데	V하는 척하다.
cf) V + (ချင်) + ယောင်ဆောင် တယ်	야웅싸웅데	V하는 척하다.
ex) သွားချင်ဟန်ဆောင်တယ်	뜨와칭항싸웅데	가는 척하다.
သိဟန်ဆောင်တယ်	띠칭항싸웅데	아는 척하다.
မသိချင် ယောင်မဆောင်နဲ့	머띠칭야웅머싸웅네	모르는 척하지 마.
ပြုံး တယ်	뽕데	웃다, 미소짓다
ကြိုသိ တယ်	쪼띠데	이미 알고 있다, 미리 알다.
ပေါင်းစပ် တယ်	빠웅쌉데	합치다.
V + သော်လည်း	V 더레	V 하지만, V함에도 불구하고
ဇာတ်လမ်း	잣랑	서사적인 이야기, 드라마
ဆုံး တယ်	쏭데	끝니다.
ဆုံ တယ်	쏭데	만나다.
N + ဆုံး	N + 송	최고의 N
N + စုံ	N + 송	여러 종류의 N
စုန်း	쏘웅	마녀
နေဝင် တယ်	네윈데	해가 지다.

11. 교차로 **69**

ကြေမွ တယ်	쩨므와데	깨지다, 구겨지다.
မွ တယ်	므와데	잘게 부서지다.
ဒက်ချက်	당쳇	상처
စကား တစ်ခွန်း	싸가더쿵	말 한마디
အမြဲ	어메	항상
ကျောခိုင်း တယ်	쪼카잉데	등을 마주 대다, 돌리다

📷 차웅따 해변의 석양
시원한 바다로 가요~!

Let's sing 12

တစ်နေ့တော့ 떠네도 - 언젠가는

တစ်နေ့တော့ 떠네도 - 언젠가는
တေးဆို ။ ဂျီလတ် 떼소(노래): G.Latt (지.랏)

~ ** A ** ~

(တစ်နေ့တော့...ငါ့ ရင်ထဲမှာ ရှိတာ မင်း မြင်မှာပါ ။

떠네도　　　웅아 잉테마　시다　밍　밍마바

(언젠가는… 내 가슴속에 있는 것을 네가 볼 것이다.

တစ်နေ့တော့.. ငါ့ရဲ့ နားလည်ခြင်းတွေ မင်း မြင်မှာပါ ။

떠네도　　　웅아예　　나레칭드웨　　밍　밍마바

언젠가는 나의 이해심을 네가 볼 것이다.

တစ်နေ့မှာ..အချစ်ကို နင် တွေ့တဲ့ အခါ ငါ့ကို ကိုယ်ချင်းစာ ငါ့လို ခံစားတတ်မှာပါ ။)**

떠네마　　어칫고 닝 뜨웨데 어카　웅아고　꼬징사　웅아로　칸사닷마바

언젠가… 네가 사랑을 만날 때 나를 이해하고 나처럼 아픔을 느낄 거다.)**

ဒို့.. ဖွင့်မပြောလိုပါ အချစ်ဆိုတာ မပြောလည်း သိနိုင်တာ ။

도　프윙머뽀로바　　어칫쏘다　　머뽀레　　띠나잉다

난 고백하고 싶지 않다.　사랑이란 말하지 않아도 알 수 있다.

ဒို့.. ရင် မဖွင့်ချင်ပါ နားလည်သူချင်းတော့ သိမှာပါ ။

도　잉머프윙칭바　　나레두칭도　　띠마바

나는 가슴을 털어놓고 싶지 않다.　이해하는 사람끼리는 알 것이다.

~ ** Repeat A ** ~

ငါ့ တစ်ဘဝလုံးမှာ မင်းရဲ့ သဘော မင်းအတွက် ငါပါ ။

응아 더바와롱마   밍예   더보   밍어드웻   응아바

내 평생에 네 평생 너를 위해서 존재하는 나야.

ငါ ချစ်ချင်တာလည်း မင်းဆီမှာ | ငါ ဖြစ်နေတာတွေလည်း မင်းဆီမှာ

응아   칫칫다레   밍씨마 | 응아   펏네다드웨레   밍씨마

내가 사랑하고 싶은 것도 너한테 있고,   / 내가 되고 싶은 것들도 너한테 있다.

~ ** Repeat A ** ~

(တစ်နေ့တော့...) X 3

떠네도

(언젠가는) x 3회

ငါ့ရဲ့ အသည်းကို မင်း မြင်မှာပါ တစ်နေ့တော့..ငါ့ရဲ့ ပေးဆပ်ခြင်းကို မြင်မှာပါ ။

응아예   어떼고   밍   밍마바   떠네도   응아예   빼삿칭고   밍마바

내 간을 네가 볼 수 있을 것이다. 언젠가는 나의 희생을 네가 볼 수 있을 것이다.

တစ်နေ့မှာ...အချစ်ကို နင် တွေ့တဲ့အခါ ငါ့ကို ကိုယ်ချင်းစာ ငါ့လို ခံစားတတ်မှာပါ ။

떠네마   어칫고 닝 뜨웨데어카   응아고 꼬칭사   응아로 칸사닷마바

언젠가… 네가 사랑을 만날 때 나를 이해하고 나처럼 아픔을 느낄 거야.

12. 언젠가는 **73**

💡 '언젠가는' 주요 어휘

미얀마어	발음	해석
တစ်နေ့တော့	떠네도	언젠가는
နားလည်ခြင်း	나레칭	이해심, 이해함
ကိုယ်ချင်းစာ(နာ) တယ်	꼬징사(나)데	나처럼 생각하다, 느끼다, 동정하다
ကိုယ်ချင်းစာစိတ်	꼬징사쩨잇	배려심, 동정심
ခံစား တယ်	칸사데	느끼다.
ငို့	도	나
ဖွင့်ပြော တယ်	프윙뽀데	고백하다(사랑, 진실).
ရင်ဖွင့် တယ်	잉프윙데	가슴을 털어놓다.
ဆီမှာ	씨마	~한테
အသည်း	어떼	간
ပေးဆပ် တယ်	뻬삿데	희생하다, 빚을 갚다.
cf) အနစ်နာခံ တယ်	어닛나칸데	희생하다, 손해를 입다.

74   01 노래들

Let's sing 13

မင်းအချစ်ကြောင့် 밍 어칫짜웅 - 당신을 사랑하기 때문에

မင်းအချစ်ကြောင့် 밍 어칫짜웅 - 당신을 사랑하기 때문에

တေးဆို ။ဝိုင်ဝိုင်း 떼소(노래): 와잉와잉

မိုးသည်းပါစေ နင်းခဲပါစေ အပြင်းဆုံး နေပူချင် ပူပါစေ
모 떼바제　　ㅎ닝케바제　　어뼁쏭　　네뿌칭　뿌바제

비야 쏟아지라, 눈아 내려다오. 제일 더우면 더워져라.

နောင်ဘဝထိ ချစ်ပါရစေလေ မပြောင်းလဲ နိုင်ပါ ဘာတွေ ဖြစ်ဖြစ်
나웅버와티　　칫바야세레　　　머뼤야웅레 나잉바　바드웨　핏핏

아픈 삶까지 사랑해야 해요.　바꿀 수 없어요. 어떤 것이 되든지

ဆူးခင်းတဲ့ ဘဝလမ်းထဲ နင်းမယ့် ဖဂါးတွေ မနာကျင်ဖို့လေ
수킹데　　버와랑테　　닝메　퍼와드웨　　머나징포레

가시밭이 있는 인생길에 당신 손바닥을 아프지 않게 하기 위해

အို ..မင်းအတွက် ငါ့ကို ခင်း နင်းလျှောက်ပါလေ မပူပါနဲ့. အချစ်
오　밍어뜨웩　웅아고 킹　닝샤옷바레　　머뿌바네　어칫

오! 당신을 위해서 나를 가시 길을 걷게 해주세요. 사랑아

~ ** A ** ~

(တကယ်ဆိုရင်လေ မင်းမရှိတဲ့ ငါ ဘဝလည်း မရှိ
더게소잉레　　　밍머시데　웅아 버와레　머시

(진짜라면 당신이 없는 나의 삶이 될 거예요.

76　01 노래들

ပန်းတိုင်မသိ အရာရာ နတ္ထိ
빵 다잉머띠　　어야야　　낫티

꽃마다 모르는 의미들

ဘာမဆို မင်းကြောင့်သာ ရင်ဆိုင်ချင်လာတာ ဘဝရဲ့ အဓိပ္ပာယ်ရှိပြီ
바마소　　밍 짜웅다　　　잉사잉칭라다　　버와예　어데뻬 시비

어떤 것도 당신 때문에 인생의 의미가 있다.

တကယ်ဆိုရင်လေ မင်းအချစ်ကြောင့် ငါခံစားပြီး မေတ္တာရယ် သိမ်မွေ့ခြင်းတွေ
더게소잉레　　　밍어칟짜웅　　응아칸사비　메잇따예　떼잉므웨칟드웨

진짜로, 당신 사랑 때문에 내가 느낀 아픈 사랑과 고난들을

တကယ်ကို ကျေးဇူးပါ ငါ သက်ဆုံးတိုင် ချိန်ထိ ပေးဆပ်မယ့် အချစ်)**
더게고　　쩨주바　　응아　뗏쏭다잉　체잉티　뻬삿메　어칟

진짜로 고맙다. 내 생명 끝까지 참을 사랑아.)**

အချစ်နဲ့ ဆူးရှ မင်းမျက်ဝန်းတွေ　　　ငါ ရင်ထဲ လိုက်ခုန်နွေးနေ
어칟네　수샤　밍미엣웡드웨　　　응아 잉테　흐라잇콩느웨네

사랑과 고통, 당신의 주변들　　　내 가슴이 잘리는 날

အနူးညံ့ဆုံး အားပေးတဲ့ အပြုံးတွေ
어누냥쏭　　아뻬데　　어뽕드웨

가장 고통받는 순간에 기운을 주는 미소들

13. 당신을 사랑하기 때문에

ရင်ခွင် အမောတွေ ပျောက်ကွယ် အားအင်တွေ အပြည့်
잉크웡   어모드웨   빠웃끄웨   아잉드웨   어뻬

숨이 차는 것은 사라지고 힘이 가득하다.

~ ** Go to A ** ~

 '당신을 사랑하기 때문에' 주요 어휘

미얀마어	발음	해석
မိုးသည်းတယ်	모떼데	비가 쏟아지다.
နှင်းခဲတယ်	흐닝케데	눈이 오다.
အပြင်းဆုံး	어삥쏭	심하게
ပူချင်ပူတယ်	뿌칭뿌데	덥다
ဆူးခင်း	수칭	가시밭
ဖဝါး	퍼와	손바닥
ဘဝလမ်း	버와랑	인생길
ပန်းတိုင်	빵다잉	목적지
အရာရာ	어야야	모든 것
နတ္တိ	네잇타	무의미
အဓိပ္ပာယ်	어데이베	의미
ဆုံးရှု	수샤	고통
မင်းမျက်ဝန်း	미엣웡	눈동자
လှိုက်ခုန်တယ်	흐랴잇콩데	떨리다, 두근거리다.
အနူးညံ့ဆုံး	어누냥송	가장 부드러운
ရင်ခွင်အမော	잉쿵어모	가슴에 숨이 참.

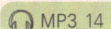

တစ်မိုးအောက် 떠모아웃 - 같은 하늘 아래

တစ်မိုးအောက် 떠모 아옷 - 같은 하늘 아래

သံစဉ်/စာသား : ပူစူး 판싱/사따(작곡/가사): 뿌수

တေးဆို : ပူစူး 떼소(노래): 뿌수

လမင်းကြီးလည်း သိပါတယ်   ကြယ်စင်လေးလည်း သိပါတယ်

라 밍찌레   띠바데   쩨 싱레레   띠바데

달님도 안다.   별들도 안다.

ဘယ်လောက် နင့်ကို ငါ အရမ်း ချစ်တယ်

베라옷   ㅎ닝고   응아 어양   쳣데

얼마나 너를 내가 사랑하는지(너를 내가 얼마나 사랑하는지)

ဘယ်လောက် နင့်အပေါ် ငါ မြတ်နိုးတယ်

베라옷   ㅎ닝어뽀   응아   미엣노데

얼마나 너를 내가 소중히 여기는지(내가 너를 얼마나 소중히 여기는지)

တောင်တန်းကြီးလည်း သိပါတယ်   ပင်လယ်ကြီးလည်း သိပါတယ်

따웅당찌레   띠바데   뼁레찌레   띠바데

산맥도 안다.   바다도 안다.

ငါ နင့်အတွက်ဆို အချိန်မရွေး အသင့်ပဲ

응아   닝어드웻소   어체잉머유웨   어띵베

난 너를 위해서면 언제든지(시기 가리지 않고) 준비되어 있다.

ငါ့ အသက် ပေးဆိုတောင် ပေးဝံ့တယ်

응아 어뗏   뻬소다웅   뻬웡데

내 목숨을 내놓으라고 해도 줄 용기가 있다(내놓을 수 있다).

အရင်လို အချိန်ပြည့် မတွေ့နိုင်လည်း

어잉로   어체잉뻬   머드웨나잉레

예전처럼 온종일 보지 못해도

ရေမြေတွေ ခြားနားနေလည်း

예미에드웨   챠나네레

국토와 물이 달라도(타지에 있어도)

ဒီကမ္ဘာမြေပြင်ရဲ့ တစ်မိုးအောက် ထဲမှာပဲ

디거바미에뼁예   떠모아웃   테마베

이 지구 표면의 같은 하늘 아래에서

ငါ ဆိုနေတဲ့ သီချင်းလေး မင်း ကြားရင်ကွယ်

응아 쏘네데   떠칭레   밍   짜잉끄웨

내가 부르고 있는 노래를 네가 들었으면

နင်လေ တစ်ယောက်တည်း ငို မနေနဲ့နော်ကွယ်

닝레   떠야웃테   응오   머네네노끄웨

너는 혼자서 울고 있지 말아라.

14. 같은 하늘 아래

တစ်မြေဆီ ငါတို့ နှစ်ဦး ဝေးခဲ့ကြပေမယ့်

떠미에씨　　웅아도　　ㅎ너우　　웨케짜베메

다른 땅으로 우리 둘이 멀어졌지만

ရင်ခုန်သံချင်း တွယ်ဆက်ထား သလိုပဲ

잉 콩땅칭　　　　뜨웨쎗타　　　더로베

가슴 뛰는 박자는 (서로)연결되어 있는 것처럼

ပြန်ဆုံမယ့် ရက်လက် ချိုးရေတွက်ရင်းနဲ့.

삐앙송메　　　옛렛　　 쵸예뜨웻잉네

다시 만날 날짜를 손꼽아 세어보면서

အား တင်းထားနော်ကွယ်

아　　　띵타노끄웨

힘내라….

📷 짜욱타지 와불

인자한 표정의 와불!

'같은 하늘 아래' 주요 어휘

미얀마어	발음	해석
လမင်းကြီး	라밍찌	달님
လည်း	레	-도
သိပါတယ်	띠바데	압니다.
ကြယ်စင်လေး	쩨씽레	(작은) 별
ဘယ်လောက်	베라웃	얼마나
နင့်ကို	닝고	너를
ငါ	응아	내가
အရမ်း	어양	아주, 많이
ချစ်တယ်	칫데	사랑한다.
နင့်အပေါ်	닝어뽀	너를, 너에 대해서
မြတ်နိုးတယ်	미엣노데	소중히 여기다.
တောင်တန်းကြီး	따웅당찌	산맥
ပင်လယ်ကြီး	뼁레찌	바다, 해
-ကြီး	찌	대-, 거대한-
နင့်အတွက်ဆို	닝어뜨웻소	너를 위해서(라)면
အချိန်မရွေး	어체잉머유웨	언제든지, 때를 가리지 않고
အသင့်ပဲ	어띵뻬	준비되어 있다.
အသက်	어뗏	목숨
-ဆိုတောင်	-소다웅	-(이)라고 하더라도
-ဝံ့တယ်	웡데	감히- 할 용기가 있다(할 수 있다).
အသက်ပေးတယ်	어뗏뻬데	목숨을 바치다.
အရင်လို	어잉로	예전처럼

အချိန်ပြည့်	어체잉뻬	매시간에, 항상
မတွေ့နိုင်လည်း	어뜨웨나잉레	만나지 못해도
ရေမြေတွေ	예미에드웨	물과 땅이(타국이라는 의미)
ခြားနားနေလည်း	챠나네레	달라도, 다른 상황에 있어도
ကမ္ဘာ	거바	세상, 지구
မြေပြင်	미에뼁	땅의 표면, 지면
တစ်မိုးအောက်	떠모아옷	같은 지붕 아래에, 같은 하늘 아래에
ထဲမှာပဲ	테마베	안에만
ငါ ဆိုနေတဲ့	아소네데	내가 부르고 있는
သီချင်းလေး	떠칭레	노래(를)
မင်း	밍	너, 당신

📷 푸타오 용바위

푸타오에는 용이 살아요~!

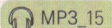

 သနပ်ခါး 따나카 - **따나카**

ေဝးဆို : Blackhole 떼소(노래): 블랙홀

ပါးပြင်မှာ သနပ်ခါးလေးနဲ့ ချစ်စရာ ကောင်းလိုက်တာကွာ

빠뼁마　　　따낫카레네　　칫써야　　까웅라잇따끄와

볼에 떠낫카를 발라놓은 게 귀엽네.

သူများတွေထက် မထင်ရှားလည်းပဲ... ကိုယ့် အတွက် လမင်းလေးပါ

뚜먀드웨텟　　　머팅샤레베…　　꼬　어드웻　　라 밍레바

남들보다 더 (눈에)띄지 않아도… 나에게는 달님이다.

~ ** A ** ~

(အမြဲတမ်း ပြုံးနေလိုက်ပါ ရိုးရိုးလေး မင်း မျက်နှာ

어메당　　뿅네라잇바　　요요레　밍　미엣나

(항상 웃고 있어라… 순박한 너의 얼굴

ကမ္ဘာကျော်တောင် မမီနိုင်ဘူး ကွာ...

거바쪼다웅　　　머미나잉부　　끄와

세계적으로 유명한 사람도 널 따라 잡을 수 없어….

ကိုယ့်ရဲ့ နှလုံးအိမ်ထဲမှာ ချစ်စိတ်တို့ နိုးထလာ ဒီတစ်သက်စာ ချစ်မေတ္တာ)**

꼬예　ㅎ너롱에잉테마　칫쎄잇도　　노타라　디떠뗏싸　칫메잇따

내 심장 속에 사랑하는 감정들 깨어난다. 이 일생을 위한 사랑)**

86　01 노래들

မိုးပေါ်က နတ်သမီးလေးအလား အသက်ရှူများ လောက်တယ်ကွာ

모보가　　　　　낫떠미레어라　　　어펫슈마　　　　라웃떼끄와

하늘의 천사처럼 숨이 막힐 정도다

ရင်အေးစေတဲ့ ဒီအပြုံးလေးနဲ့ ..ရေး... ရေးဖွဲ့ကာ အိပ်မက်မှာ

잉 에쎄데　　　　디어뽕레네..　　예…　　예 프웨가　　　에잇몟마

가슴 속을 시원하게 만든 이 미소로… 꿈속에서 미소를 짓는다.

~ ** Repeat A ** ~

ပါးပြင်မှာ သနပ်ခါးလေးနဲ့ ချစ်စရာ ကောင်းလိုက်တာကွာ

빠뼁마　　　따낫카레네　　　칫써야　　　까웅라잇따끄와

볼 위에 떠낫카가 있는 게 너무 귀엽다.

ရင်အေးစေတဲ့ ဒီအပြုံးလေးအတွက် ..ရေး... ကျေးဇူးပါ မိန်းကလေးရာ

잉에쎄데　　　디 어뽕레　어쯔웻　　　예..　　쩨주바　　　메잉걸레야

가슴 속을 시원하게 만든 이 미소를 위해… 고맙다, 아가씨야….

15. 따나카

💡 '따나카' 주요 어휘

미얀마어	발음	해석
ပါးပြင်	빠뼁	볼, (뺨)
သနပ်ခါး	따낫카	따낫카(미얀마 여성들이 전통적으로 바르는 전통 화장품)
ချစ်စရာကောင်းသည်	칫써야까웅데	귀엽다.
- လိုက်တာ	라잇따	V하는 구나, 참 V한다(감탄의 표현).
သူများတွေ	두먀드웨	남들
N + ထက်	텟	N보다
ထင်ရှားသည်	팅샤디	눈에 띄다.
V + လည်းပဲ	레베	V 하여도
ကိုယ့်အတွက်	꼬어뜨웻	- 나를 위해, 나에게는
လမင်းလေး	라밍레	달님
အမြဲတမ်း	어미에당	항상, 늘
ပုံးသည်	뽕디	미소를 띠다.
ရိုးရိုးလေး	요요레	순진한, 순수하게
မင်း	밍	너, 당신, 그대
မျက်နှာ	미엣나	얼굴
ကမ္ဘာကျော်	거바쪼	세계적으로 유명한 사람
မမီ	머미	따라잡지 못한다.
နှလုံးအိမ်	흐너롱에잉	심장
နိုးထလာသည်	노타라디	깨어나다.
တစ်သက်စာ	떠뗏싸	한평생을 위한(**တစ်**: 하나)
ချစ်မေတ္တာ	칫메이따	애정, 사랑

88 01 노래들

မိုးပေါ်က	모보가	하늘에서
နတ်သမီး	낫떠미	천사
N + အလား	어라	N처럼
အသက်ရှူမွှားသည်	어뗏샤마디	숨이 막힌다(기막힐 정도다).
ရင်အေးသည်	잉에디	가슴속까지 시원해지다.
-စေတဲ့	쎄데	~게 하는
ရေးဖွဲ့သည်	예프웨디	글, 시 등을 짓다.
အိပ်မက်	에잇멧	꿈

📷 라쇼 중국 사원
중국으로 불교가 전파되는 경로를 보는 듯!

Let's sing 16

အဆင်ပြေပါစေ။ 어씽 뻬에바세 - 편안하기를 바라요

အဆင်ပြေပါစေ။ 어씽 삐에바세 - **편안하기를 바라요**

သံစဉ် / စာသား : ပူစူး 딴싱/사따(작곡/작사): 뿌수

တေးဆို : ပူစူး 떼소(노래): 뿌수

ခကာလေးပါ ချစ်သူရယ် သေချာ ဆက်ဆက် စောင့်နေကွယ်

커나레바   칫뚜예   떼챠   쎗셋   싸웅네끄웨

잠깐이다 자기야…. 꼭 기다리고있어!

ပြန်ခဲ့မယ် ပြောခဲ့လည်းအပြီး နင် ထွက်သွားခဲ့တယ်။

뻬앙케메   뾰케레어뻬   닝   트웻뜨와케데

돌아올 거라고 했지만 넌 아예 떠났다.

လုံခြုံမှု အပြည့် မပေးနိုင်တဲ့ အကာအရံမဲ့ ငါ့ ဘဝအိမ်ထဲ

롱츙무   어뻬   머뻬나잉데   어까어양메   응아 버와에잉테

(따뜻함과)안전적인 것을 해주지 못한 내 인생에

မလာဖြစ်တာ ကောင်းပါတယ် နင် ထားရစ်ခဲ့နိုင်ပါတယ်

머라핏따   까웅바데   닝   타잇케나잉바데

안 오는 게 좋아. 너 (나를)두고 갈 수 있어(가도 된다).

~ ** A ** ~

(အသည်းခွဲခဲ့တဲ့ သူလို့ အပြစ်မပြောရက်ဘူးကွယ်

어떼크웨케데　　뚜로　　　어뼷머뾰옛부끄웨

[내 가슴 망가뜨린 사람이라고 탓할 수 없네.

ရက်စက်လွန်းတဲ့ သူလို့ မစွပ်စွဲရက်ဘူးကွယ်

옛셋릉데　　　두로　　머풋스웨옛부끄웨

장난친 사람이라고도 책망할 수가 없네.

နင် ပိုင်တဲ့ နင့် ဘဝရဲ့ လမ်းပဲ ရွေးချယ်ခွင့် ရှိတယ်

닝　빠잉데　닝　버와예　랑베　유웨체쿵　　시데

네가 사는 네 인생의 길인데… 선택권이 있지.

မင်းက မချစ်တော့ပေမယ့် ငါ မုန်း မရဘူးကွယ်

밍가　　　머칫도베메　　응아　몽　　머야부끄웨

네가 (이제)사랑하지 않지만 난 (널)미워할 수가 없네.

မင်း သတိ မရတော့ပေမယ့် ငါက မမေ့ဘူးကွယ်

밍　더디　머야도베메　　응아가　머메부끄웨

네가 나 보고 싶지 않지만 난 잊을 수가 없네.

ငါ ဆုတောင်း ပေးလိုက်ပါ့မယ် အဆင်ပြေပါစေကွယ်)**

응아　수따웅　　뻬라잇바메　　어씽뻬에바세끄웨

내가 기도해줄게…. 잘살기를(잘 지내기를…).]**

တကယ်ဆို အချစ်နဲ့ ဘဝဟာကွယ် အကြွေစေ့ ခေါင်းနဲ့ ပန်းလို
더게소 어칫네 버와하꾸웨 어쯔웨세 가웅네 빵로
사실은 사랑과 삶은 동전의 양면 같아.

အမြင်မှာ ကျောချင်းကပ်နေလည်း ဆန့်ကျင်ဘက် အရပ်သို့ လှည့်
어밍마 쪼칭깟네레 상찡벳 어얏도흐레
보기에는 등대고 있어도 반대의 방향으로…

ရွှေမှုန်ကြဲတဲ့ လမ်းတွေထက် နင် လျှောက်လှမ်းသွားလိုက်ပါကွယ်
슈웨몽쩨데 랑드웨텟 닝 샤웃 흐랑 드와 라잇바 꾸웨
빛난 길 위에… 너… 잘 걸어가라.

နင် ဆုံးဖြတ်ခဲ့ သမျှလည်း မမှားဘူး မင်း မှန်ပါတယ်
닝 쏭피엣케 더먀레 머마부 밍 흐망바데
네가 결정한 모든 것도 틀리지 않았어. 너 잘했어(맞는 것을 결정했다).

~ ** Repeat A ** ~

ခဏလေးပါ ချစ်သူရယ် စောင့် ထက်ထက် စောင့်ဝေနေကွယ်
커나레바 칫누예 떼자 쎗셋 싸웅네꾸웨
잠깐이다, 자기야…. 꼭 기다리고 있어!

ပြန်ခဲ့မယ် ပြောခဲ့လည်း အပြီး နင် ထွက်သွားခဲ့တယ်။
삐앙케메 뾰케레 어삐 닝 트웻드와케데
돌아올 거라고 했지만 넌 아예 떠났다.

~ ** Repeat A ** ~

'편안하기를 바라요' 주요 어휘

미얀마어	발음	해석
ခဏလေး	커나레	잠깐이야.
ချစ်သူရယ်	칫뚜예	내 사랑아
သေချာ	떼챠	잘, 꼭
ဆက်ဆက်	쎗쎗	반드시, 꼭
စောင့်နေ	싸옹네	기다리고 있어.
ပြန်ခဲ့မယ်	삐앙케메	돌아올 거다.
အပြီး	어삐	완전, 끝내, 아주
နင်	닝	너
ထွက်သွားသည်	트웻뜨와디	떠나가다.
လုံခြုံမှု	롱총흐무	안전
အပြည့်	어삐	완전한, 완전, 완벽함
ပေးသည်	뻬디	주다.
အကာအရံ	어까어양	보호막
N + မဲ့	메	N없이, N 없는
ငါ့ဘဝ	ㅇ아버와	내 인생
အိမ်	에잉	집
လာဖြစ်သည်	라핏디	오게 되다.
cf) မလာဖြစ်သည်	머라핏디	안 오게 되다.
ကောင်းသည်	까옹디	좋다.
ထားရစ်သည်	타잇디	남기고 가다, 두고 가다.
အသည်းခွဲသည်	어떼크웨디	남녀가 헤어지다(간을 갈라지게 하다). (여자가 남자를 찰 때 주로 쓰임)

N + လို့	로	N라고, N으로
အပြစ်ပြောသည်	어쁏뽀디	탓하다.
မ + V + ရက်ဘူး	머 V옛부	V 할 수가 없다(가여워서).
ရက်စက်သည်	옛쎗디	잔인하다.
V + လွန်းသည်	룽디	지나치게 V하다, 넘치게 V하다.
စွပ်စွဲသည်	풋프웨디	누명 쓰다.
ပိုင်သည်	빠잉디	소유하다, 가지다.
လမ်း	랑	길
ရွေးချယ်ခွင့်	유웨체크윙	선택권
ရှိသည်	시디	있다.
မုန်းသည်	몽디	밉다.
သတိရသည်	더디야디	그립다, 생각나다.
မေ့သည်	메디	잊다.
ဆုတောင်းသည်	후따웅디	기도하다, 소원을 빌다.
အဆင်ပြေသည်	어씽뻬에디	잘되다, 잘 지내다.
V + ပါစေ	V버세, V바제	V 하길 바라다, V 하길 기원하다.
တကယ်ဆို	더게소	사실은
အချစ်	어칫	사랑
ထပ	비화	위셋
အကြွေစေ့	어쭈웨세	동전
ခေါင်း	가웅	머리, 동전의 머리가 새겨진 면
ပန်း	빵	꽃, 동전의 꽃이 새겨진 면
အမြင်မှာ	어밍흐마	보기에
ကျောချင်းကပ်သည်	쬬칭깟디	등대다.

ဆန့်ကျင်ဘက် အရပ်	상찡벳어얏	반대 방향
လှည့်သည်	흐레디	돌다.
ရွှေမှုန်	슈웨몽	금가루
ကြဲသည်	쩨디	가루 등을 뿌리다.
N + ထက်	N텟	N 보다.
လျှောက်လှမ်းသည်	샤옷흐랑디	걷다.
ဆုံးဖြတ်သည်	쏭피엣디	결정하다.
N + သမျှ	N더먀	모든 N
မှားသည်	흐마디	틀리다, 그릇되다.
cf) မှန်သည်	흐망디	맞다, 옳다

📷 만달레이 궁

화려했던 궁궐들... 이제는 관광객들만이.

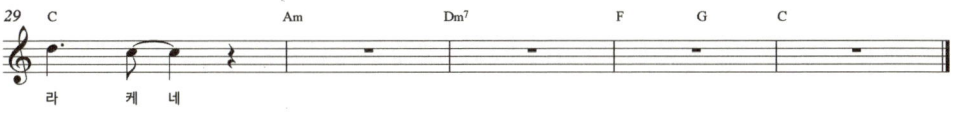

မလာပါနဲ့ 머라바네 - 오지 마세요

အဆိုတော် : မျိုးကြီး 어쏘도(가수): 묘지

ငါ့ရဲ့ ရင်ထဲ လောင်နေ မီးတွေနဲ့ အဆုံးသတ် အချိန်ထိ ကြိုပြီး သိနင့်နေခဲ့ ...

응아예   잉테   라웅네   미드웨네   어쏭뗏   어채잉티   쪼비   띠ㅎ닝네케

내 가슴 속을 불태우고 있다. 끝까지 이미 알고 있었다….

မင်းဘက်ကိုလည်း နာကျင်စေမယ့် မီးမျိုး...

밍 뗏꼬레   나찡쎄메   미묘

너를 아프게 할 그런 화를(불을)

ငါလေ မပေးရက်ဘူး ... မချစ်ရက်ခဲ့ပါဘူး ...

아레   머빼옛부   머칫옛케바부

난… 줄 수 없었다…. (그래서) 사랑할 수가 없었다….

မင်းရဲ့ ရင်ထဲ ချစ်စိတ်တွေနဲ့ ပြည့်နက်တဲ့ နလုံးသား...

밍예   잉테   칫쎄잇드웨네   삐넷테   ㅎ너롱따

너의 가슴 속에 사랑하는 마음으로 꽉 차있는 너의 심장이…

မြင်နေရလည်းကွယ် နာကျင်စေဖို့ ခက်...

밍네야레 끄왜   나찡쎄포   켓

보이고 있어도(봤는데도…) 아프게 하기가 힘들어(아프게 하고 싶지 않다)…

မလာပါနဲ့ ငါ လျှောက်မယ့် ဘဝခရီး ကြမ်းတယ်

머라바네   응아   샤웃메   버와커이   짱데

오지 마라. 내가 걸어갈 인생의 길이 험하다.

ကြုံတွေ့မယ့် အခက်အခဲ ဒုက္ခကျောက်ဆောင် မင်း ရင်ဆိုင်ဖို့ ခက်မယ်

쫑드웨메   어켓어케   도웃카 짜웃싸웅   밍   잉싸잉포   켓메

겪을 어려움, 위험의 벽은 네가 맞서기 힘들어

မလာပါနဲ့ အချစ်ရေ မလာခဲ့နဲ့

머라바네   어칫예   머라케네

오지 마라. 내 사랑아… 오지 마라.

နင် မသိတဲ့ အပြင်က လက်တွေ ဘဝမှာ အန္တရာယ် သိပ် များလွန်းတယ် မလာခဲ့ ... နဲ့

닝 머띠데 어삥가   렛드웨   버와마   안더예   떼잇   먀룽데   머라케 네

네가 모르는 세상(밖)의 현실에는 위험이 너무 많다.   오지 마라.

ဝေးရမှာပဲ ဘာကို လွမ်းနေမလဲ မတိုးခဲ့ချင်နဲ့ ဒီအတွက် ဖွတ် မမိုက်နဲ့

웨야나베   바고   무앙네마레   머또게싱네   니어뜨웻 프웻 머마잇네

멀어져야 하는데, 뭘 그리워하고 있냐…? 이렇게 꼭 나쁜 길로 가고 싶지 말라.

အလွမ်းမီးတွေ အတွက် ဘာကို နင် စတေးမလဲ...

어루앙미드웨   어뜨웻   바고   닝   싸데마레

불같은 그리움을 위해 넌 뭘 희생시켜(희생하지 마)?

အဖြေဟာ မထိုက်တန်ဘူး လုံး(၊) ခွင့် မလွှတ်ဘူး ဝို...ဝူး ဝိုး...

어피에하 머 타잇땅부 롱와 크웡 머흐룻부 워우워

대답은… 그럴 만하지 않다. 전혀 용서하지 않다. 워우워….

နင် မသိတဲ့ အပြင်က လက်တွေ ဘဝမှာ အန္တရာယ် သိပ် များလွန်းတယ် မလာခဲ့...နဲ့

닝 머띠데 어뼁가 렛드웨 버와마 안더예 떼잇 먀룽데 머라케 네

네가 모르는 세상(밖)의 현실에는 위험이 너무 많다. 오지 마라.

ကြုံတွေ့မယ့် အခက်အခဲ ဒုက္ခကျော်ကျော်ဆောင် မင်း ရင်ဆိုင်ဖို့ ခက်မယ်

쫑드웨메 어켓어케 도웃카 짜웃싸웅 밍 잉싸잉포 켓메

겪을 어려움, 위험의 벽은 네가 맞서기 힘들어

မလာပါနဲ့ အချစ်ရေ မလာခဲ့နဲ့

머 라바네 어칫예 머라케네

오지 마라. 내 사랑아… 오지 마라.

နင်မသိတဲ့ အပြင်က လက်တွေ ဘဝမှာ အန္တရာယ် သိပ် များလွန်းတယ် မလာခဲ့...နဲ့

닝 머띠데 어뼁가 렛드웨 버와마 안더예 떼잇 먀룽데 머라케 네

네가 모르는 세상(밖)의 현실에는 위험이 너무 많다. 오지 마라.

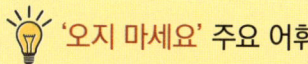 **'오지 마세요' 주요 어휘**

미얀마어	발음	해석
ငါ့ရဲ့	아예	나의
ရင်ထဲ	잉테	가슴 속에
မီးလောင်သည်	미라웅디	불이 나다.
အဆုံးသတ်အချိန်	어쏭뗏어체잉	끝날 때, 다 정리해야 할 때
N + ထိ	N티	N(시간)까지
ကြိုပြီး	쬬비	미리, 이미
သိသည်	띠디	알다.
V + နှင့်	V흐닝	미리 V했다.
မင်းဘက်	밍벳	너의 쪽
နာကျင်စေသည်	나찡쎄디	아프게 하다.
မီး	미	불
ငါလေ	아레	나는, 난 말이야.
ချစ်စိတ်	칫쎄잇	사랑한 마음
ပြည့်နက်သည်	삐넷디	가득 차다.
နှလုံးသား	흐너롱따	심장
မြင်သည်	밍디	보이다
ခက်သည်	켓디	어렵다.
လာသည်	라디	오다.
မ + V + ပါနဲ့	머 V바네	V하지 마세요.
လျှောက်သည်	샤웃디	걷다.
V + မယ့်	V메	V 할(미래형 조사)
ဘဝခရီး	버와커이	인생의 여행

ကြမ်းသည်	짱디	험하다.
ကြုံတွေ့သည်	쫑뜨웨디	겪다.
အခက်အခဲ	어켓어케	어려움
ဒုက္ခ	도옷카	고생, 어려움, 곤란함
ကျောက်ဆောင်	짜웃싸웅	돌벽
ရင်ဆိုင်သည်	잉싸잉디	겪다.
V + ဖို့ ခက်မယ်	V포켓메	V하기 어려울 것이다.
အပြင်	어쁴	밖, ~밖에
လက်တွေ့ဘဝ	렛드웨버와	현실에
အန္တရာယ်	안더예	위험
သိပ် များလွန်းတယ်	떼잇먀룽데	너무나 많다, 굉장히 많다, 엄청나게 많다.
ဝေးသည်	웨디	멀다.
လွမ်းသည်	루앙디	그립다.
တိုးသည်	또디	들어가다, 늘다.
ဇွတ်မိုက်သည်	흐웟마잇디	안 될 일에 고집 피우다.
အလွမ်းမီး	어루앙미	그리움의 아픔(불)
စတေးသည်	싸떼디	희생하다, 희생시키다.
အဖြေ	어피에	대답
ထိုက်တန်သည်	타잇땅디	가치가 있다, ~할 만하다.
ခွင့်လွှတ်သည်	크윙흐룻디	용서하다.

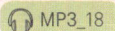

နှစ်ယောက်တစ်အိပ်မက် ှ너야웃 떠에잇멧 - 두 사람, 하나의 꿈

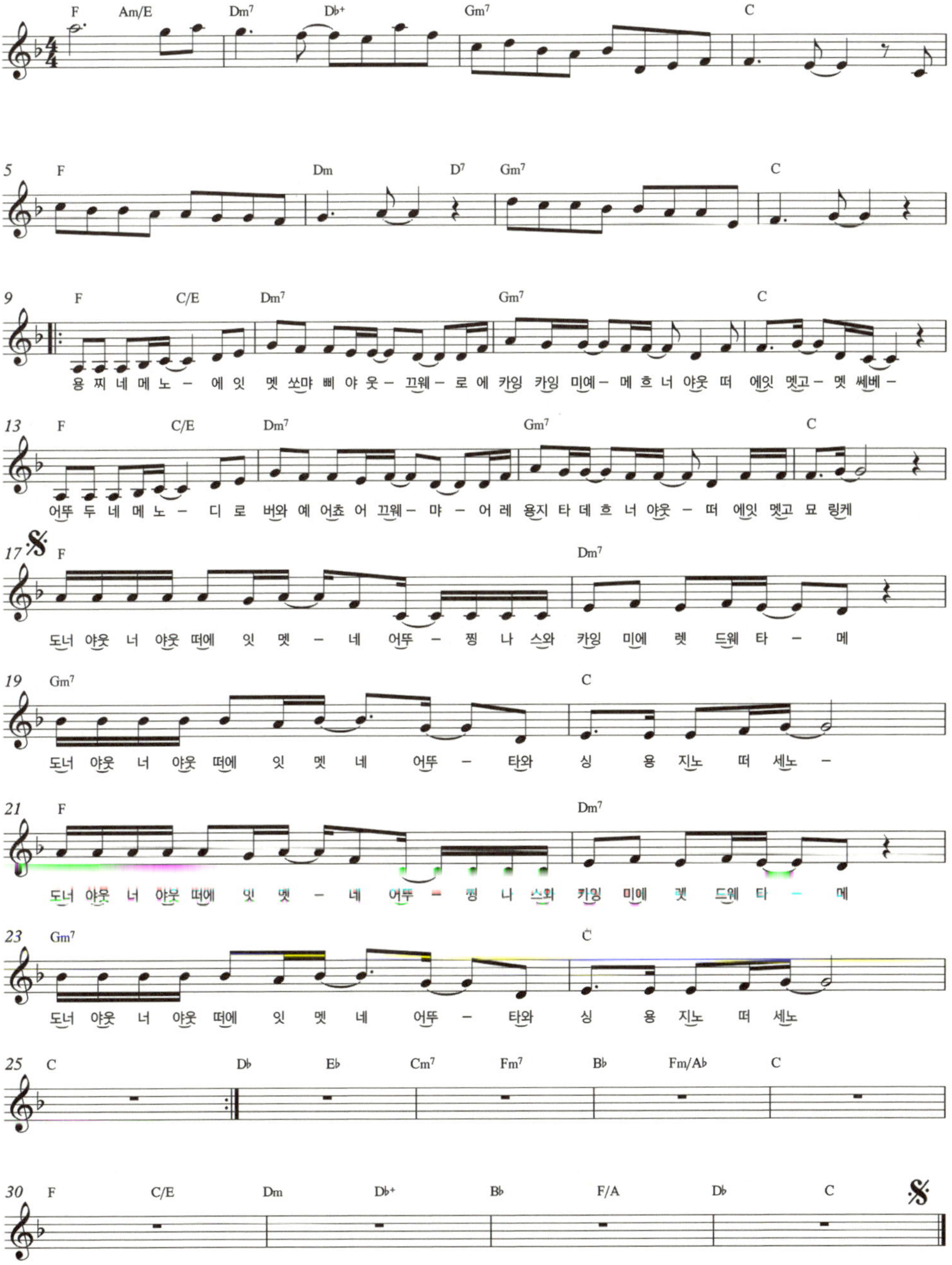

နှစ်ယောက်တစ်အိပ်မက် ㅎ녀야웃 떠에잇멧 - 두 사람, 하나의 꿈

တေးဆ : အောင်ချို့ဆွေ ပေသ(노래): 에띵죠스웨

ယုံကြည်နေမယ်နော် အိပ်မက်ဆိုးများ ပျောက်ကွယ်လို့ရယ်

용지네메노   에잇멧쏘먀   뻬야웃끄웨로예

믿고 있을게. 나쁜 꿈들 없어지고

ခိုင်ခိုင်မြဲမယ့် နှစ်ယောက် တစ်အိပ်မက်ကို မက်ဆဲပဲ

카잉카잉미에메   ㅎ녀야웃   떠에잇멧고   멧쎄베

무너지지 않을 두 사람의 꿈을 계속 꾸고 있다.

အတူတူ နေမယ်နော် ဒီလို ဘဝရဲ့ အချိုးအကွေ့များအလယ်

어뚜뚜   네메노   디로 버와예   어쵸어끄웨먀 어레

같이 살겠다.   이런 험한 삶에

ယုံကြည်ထားတဲ့ နှစ်ယောက် တစ်အိပ်မက်ကို မျှော်လင့်ခဲ့

용지 타데   ㅎ녀야웃   떠에잇멧고   묘링케

믿고 있는 두 사람의 꿈을 기대했다.

~ ** A ** ~

(တို့ နှစ်ယောက် နှစ်ယောက် တစ်အိပ်မက်နဲ့ အတူ ကြင်နာစွာ ခိုင်မြဲ လက်တွဲထားမယ်

도   ㅎ녀야웃   ㅎ녀야웃   떠에잇멧네   어뚜 찡나스와 카잉미에   렛드웨타메

(우리 두 사람 두 사람의 꿈 하나로, 서로 잘해주고 손잡고 있을게.

တို့ နှစ်ယောက် နှစ်ယောက် တစ်အိပ်မက်နဲ့ အတူ ထားပေစည် ယုံကြည်နော်/တည်စေနော်) **

도 ㅎ녀야웃 ㅎ녀야웃 떠에잇몟네 어뚜 타와싱 용지노 / 떼쎄노)

우리 두 사람 두 사람의 꿈 하나로 영원히 믿고 있을 거다.) **

ရှင်သန်နေမယ်နော် ခန္ဓာသွေးကြော အသက်ရှင်သရွေ့ရယ်

싱 딴네메노 칸다뜨웨 쪼 어뼷싱떠유웨예

살아있겠다. 신체의 핏줄들로 숨이 붙어있을 때까진

ချိုမြိန်ခြင်းနဲ့ နှစ်ယောက် တစ်အိပ်မက်ကို မက်ဆဲပဲ

쵸메잉칭네 ㅎ녀야웃 떠에잇몟고 멧쎄베

달콤하게… 두 사람의 꿈 하나를 꾸는 중이다.

ပိုင်ဆိုင်ချင်တယ်နော် ရင်မှာ နွေးထွေးမေတ္တာများရယ်

빠잉싸잉칭데노 잉마 느웨트웨메잇따먀예

갖고 싶다.. 가슴에 따뜻한 애정(사랑들)….

သေချာခြင်းနဲ့ နှစ်ယောက် တစ်အိပ်မက်ကို မျှော်လင့်ခဲ့

뻬사싱네 ㅎ녀야웃 떠에잇몟고 묘늿께

확실하게… 두 사람의 꿈 하나를 기대했다.

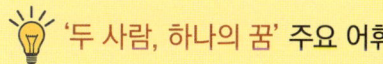

'두 사람, 하나의 꿈' 주요 어휘

미얀마어	발음	해석
ယုံကြည်သည်	용찌디	믿다.

18. 두 사람, 하나의 꿈

အိပ်မက်ဆိုး	에잇멧소	악몽
ပျောက်ကွယ်သည်	뻬야웃끄웨디	사라지다.
ခိုင်ခိုင်မြဲသည်	카잉카잉미에디	타이트하다.
နှစ်ယောက် တစ်အိပ်မက်	(흐)너야웃떠에잇멧	두 명의 꿈 하나
အိပ်မက်မက်သည်	에잇멧멧디	꿈을 꾸다.
အတူတူ	어뚜두	같이
နေသည်	네디	살다.
ဒီလို	디로	이렇게, 이런
ဘဝရဲ့ အချိုးအကွေ့	버와예어쵸어끄웨	인생의 커브길, 인생의 어려움
အလယ်	어레	가운데
မျှော်လင့်သည်	묘링디	기대하다, 기다리다, 희망을 품다.
တို့ နှစ်ယောက်	도흐너야웃	우리 두 명
ကြင်နာစွာ	찡나스와	서로 잘해주며
ခိုင်မြဲစွာ လက်တွဲသည်	카잉미에스와렛뜨웨디	타이트하게 손잡다.
ထာဝစဉ်	타와싱	영원히
တည်သည်	떼디	(약속)지키다, 오래되다.
ရှင်သန်သည်	싱땅디	살아있다.
ခန္ဓာ	캉다	신체, 몸
သွေးကြော	뜨웨조	핏줄
အသက်ရှင်သည်	어펫싱디	숨을 쉬고 살아있다.
V + သရွေ့	V + 떠유웨	V하는 한, V 할 때까지는
ချိုမြိန်သည်	쵸메잉디	달콤하다.
ပိုင်ဆိုင်သည်	빠잉싸잉디	가지다, 소유하다.
နွေးထွေးသည်	느웨트웨디	따뜻하다.
သေချာသည်	떼챠디	확실하다, 분명하다.

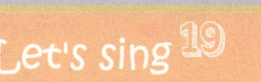
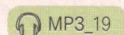
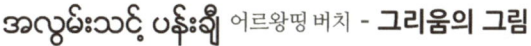

အလွမ်းသင့် ပန်းချီ 어르왕떵 버치 - 그리움의 그림

အလွမ်းသင့် ပန်းချီ 어르왕띵 버치 - 그리움의 그림
တေးဆို : ရတနာမိုင် 떼소(노래): 야다나마잉

အတူတူ လျှောက်ခဲ့ဖူးတဲ့ လမ်းတွေ အတူတူ ထားရှိခဲ့တဲ့ ကတိများ
어뚜두 샤웃케푸데 랑드웨 어뚜두 타시케데 거디먀
같이 걸어본 길들 같이 했던 약속들

တစ်ချိန်က ချစ်ခဲ့ဖူးတဲ့ တို့ရဲ့ အချစ်ဟာ လေထဲမှာ ပျောက်သွား
떠체잉가 칫케푸데 도예 어칫하 레테마 뻬야웃뜨와
한때 사랑했던 우리의 사랑도 공중에 사라졌다.

အပြုံးလေးတစ်ခုက စ ချစ်ခဲ့မိတာ ငါ့အမှား
어뿅레 더쿠가 싸 칫케미다 응아어흐마
미소 하나에 반해서 사랑하기 시작한 게 내 실수다.

ထိုင်ကာ ငေးရင်း ဟိုးကအဝေးမှာ အချစ်သစ် တွေ့နေလား
타잉가 응에잉 호가어웨마 어칫삣 뜨웨네라
앉으면서 멀리 바라보고 저 멀리에 새로운 사랑 만났나.

~ ** A ** ~

(တစ်နေ့တော့ မင်း ပြန်လာဦးမလား ဟိုးတုန်းကလို ချစ်ဦးမလား
떠네도 밍 뻬앙라오마라 호동가로 칫오마라
(언젠가 너 돌아올 건가? 예전처럼 사랑할 건가?

ဘာကြောင့် ငါ့ကို မုန်းသွားခဲ့လဲ ဖြေ
바짜옹　　　응아고　　몽뜨와케레　피에

왜 나를 싫어했는지 답해봐.

ဒါ အိပ်မက်တွေ ငါ မင်းအနား ရှိနေနိုင်ဦးမလား ပြောခဲ့သမျှတွေ ယုံစားကာ
다 에잇멧드웨　　응아　밍어나　　시네나잉오머라　　뾰케더먀드웨　용싸가

이게 꿈들이었다…. 내가 네 옆에 더 있을 수 있을까? 말했던 걸 모두 믿었고

ငါ့ရဲ့ စိတ်တွေက မပြတ်သား နိုင်သေးတာ မင်း နားလည်ပေးပါ)**
응아예 쎄잇드웨가　　　머삐엣따　　나잉데다　　밍　나레뻬바

내 마음들이 아직 정리되지 못한 게 너 이해해주라.)**

ပုံပြင်လေး တစ်ပုဒ် ပြီးဆုံးသွားပြီ
뽕빙레　　　더보웃　　삐송뜨와비

이야기 하나는 끝났다.

ကျန်နေခဲ့ပြီ မျက်ရည်များ... ရင်မှာ ရစ်နောင်ထားတဲ့ ကြိုးလေးက ပြတ်သွားပြီ
짼내캐미　　　미엣야마　　 잉마　　잇나웅타데　　쭈레가　　삐엣뜨와비

남은 것은 눈물들… 가슴에 묶었던 끈은 끊어졌다.

ငါ မုန်းလို့ မရခဲ့ပါ အချစ်များသာ ကိုးကွယ်လို့ထား
응아 몽로　머야케바　　어칏먀따　　　꼬끄웨로타

난 미워할 수가 없었다. 사랑만을 순종하고

19. 그리움의 그림 **109**

ငါသာ မင်းတစ်ယောက်တည်းသာ ချစ်ခဲ့တဲ့အခါ အရှုံးကြီး ရှုံးပြီလား ။ တကယ်ပါ

응아따　　밍떠야옷테다　　　칫케데어카　어슝찌　슝비라　॥　더게바

난 너 혼자만을 사랑했으니 내가 실패한 건가 ॥ 정말이다

~ ** Repeat A ** ~

မေ့မရတဲ့ အချိန်တွေဆို မျက်စိမှိတ် မျှော်လင့်ခဲ့ပြီ

메 머먀데　　어채잉드웨소　　미엣씨흐마잇　　묘링케비

잊을 수 없을 때면 눈을 감고 기대했다.

ဘာမှ မသိတဲ့ တစ်နေ့နေ့ကို ငါ စောင့်စားလို့ နလုံးသား ကွဲကြေနေတတ်တဲ့

바마　머띠데　　떠네네고　응아　싸웅싸로　흐너롱따　　끄웨쩨네펫데

아무것도 알 수 없는 언젠가를… 난 기다리면서 가슴 아파해 하고 있는

အလွမ်းသင့်ခဲ့တဲ့ အတိတ်ပန်းချီ လမ်းစမရှိတဲ့ ငါ့ အဖြစ်ကို နင်လိမ်…

어루앙띵케데　　　어데잇버치　　랑 싸머시데　응아어핏고　　닝 레잉

그리움의 중독이 된 과거의 그림…. 길을 잃어버린 내 상태. 너는 거짓으로….

ငါ ဆက်ချစ်နေ…

아　　쎗칫네

난 계속 사랑하고 있고….

~ ** B ** ~

(မပြတ်သားနိုင်ခဲ့တာ မင်း နားလည်ပေးပါ)**

머 뻬엣따 나잉케다   밍   나레뻬바

(아직 정리되지 못한 것을 너 이해해주라.)**

💡 '그리움의 그림' 주요 어휘

미얀마어	발음	해석
အတူတူ	어뚜두	같이
လျှောက်သည်	샤웃디	걷다.
V + ဖူးသည်	V푸디	V한 적이 있다.
လမ်းတွေ	랑드웨	길들
ထားရှိခဲ့တဲ့ ကတိ	타시케데거디	두었던 약속들
တစ်ချိန်က	떠체잉가	한때, 예전에
တို့ရဲ့	도예	우리의
အချစ်	어칫	사랑
လေထဲမှာ	레테마	공중에
ပျောက်သည်	뺘웃디	사라지다.
အပြုံး	어뽕	미소
စ	싸	시작
ချစ်	칫	사랑하다.
ငါ့ အမှား	아어마	내 잘못
ထိုင်ကာ	타잉가	앉아서
ငေး	응에	멍하게 쳐다보다.

V + ရင်း	V잉	V 하면서
ဟိုး	호	저기…
အဝေးမှာ	어웨마	멀리에
အချစ်သစ်	어칫핏	새로운 사랑
တွေ့သည်	뜨웨디	만나다.
တစ်နေ့တော့	떠네도	언젠가
မင်း	밍	너, 당신
ပြန်လာသည်	뼁라디	돌아오다.
ဟိုးတုန်းက	호동가	옛날에
N + လို	N로	N처럼
V + ဦးမလား	우머라	V 할 것인가?
ဘာကြောင့်	바짜웅	왜
ငါ့ကို	아도	나를
မုန်း သွားသည်	몽뜨와	싫어졌다.
ဖြေသည်	피에디	대답하다.
ဒါ	다	이게, 이건
အိပ်မက်	에잇멧	꿈
မင်းအနား	밍어나	너의 곁에
ရှိနေနိုင်သည်	시네나잉디	있을 수 있다.
ပြောခဲ့သမျှ	뾰케더먀	말했던 것 모두
ယုံစားသည်	용싸디	믿었다.
စိတ်	쎄잇	마음
ပြတ်သားသည်	뻬엣따	끊어지다, (마음) 정리되다.
နားလည်သည်	나레디	이해하다.

ပုံပြင်	뽕빙	옛날이야기
တစ်ပုဒ်	더보웃	글, 노래 한 곡
ပြီးဆုံးသွားပြီ	삐송뜨와비	끝났다.
ကျန်နေသည်	짱네디	남아있다.
မျက်ရည်များ	미옛이먀	눈물들
ရင်မှာ	잉마	가슴속에
ရစ်နှောင်ထားသည်	잇나웅타디	얽혀있다, 매여있다.
ကြိုး	쪼	끈
ပြတ်သွားသည်	삐엣뜨와디	끊어졌다.
မုန်းသည်	몽디	밉다, 미워하다.
N + သာ	N따	N만
ကိုးကွယ်သည်	꼬끄웨디	순종하여 따르다.
တစ်ယောက်တည်း	떠야웃테	혼자
V + ခဲ့တဲ့အခါ	V케데야카	V 했을 때
အရှုံးကြီး ရှုံးသည်	어숑찌숑디	크게 손해 봤다.
တကယ်ပါ	더게바	정말이다.
မေ့သည်	메디	잊다.
အချိန်	어채잉	시간, 때
N + ဆို	N소	N면, N이면, N라면
မျက်စိမှိတ်	미엣씨흐마잇	눈을 감고
မျှော်လင့်သည်	묘링디	기대하다.
ဘာမှ	바흐마	아무것도
တစ်နေ့နေ့ကို	떠네네고	언젠가를
စောင့်စားသည်	싸웅싸디	기대하다, 기다리다, 희망을 품다.

နှလုံးသား ကွဲကြေ	흐너롱따끄웨쩨	심장이 깨지다, 찢어지다.
အလွမ်းသင့်	어루앙띵	그리움에 중독된
အတိတ်	어데잇	과거
ပန်းချီ	버치,버지	그림
လမ်းစ	랑싸	길의 시작
ငါ့အဖြစ်	아어핏	내 상황, 내 꼴
နင်	닝	너
လိမ်သည်	레잉디	거짓말하다.
ဆက်ချစ်သည်	쎗칫디	계속 사랑하다.
နားလည်ပေးပါ	나레빼바	이해해줘라.

📷 만달레이 언덕
언덕에서 바라본 만달레이 전경!

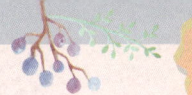

မျှော်လင့်ချက် တစ်စုံတစ်ရာ 묘링쳇 떠쏭떠야 - **희망 하나**

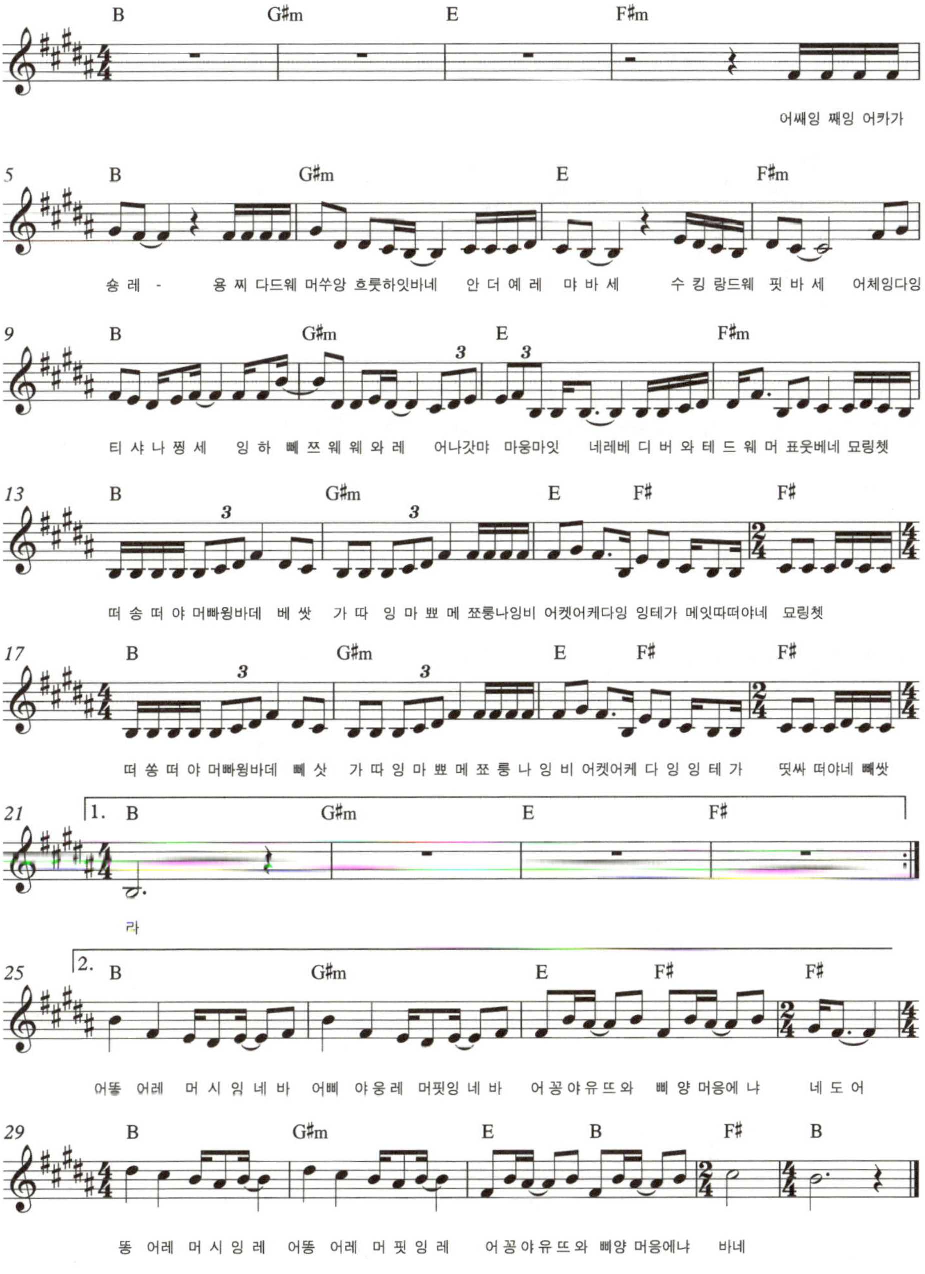

어쌔잉 쨰잉 어카가
송 레 - 용 찌 다드웨 머쑤앙 흐룻하잇바네 안 더 예 레 먀 바 세 수 킹 랑드웨 핏 바 세 어체잉다잉
티 샤 나 찡 세 잉 하 뻬 쯔 웨 웨 와 레 어나갸마 마웅마잇 네레베 디 버 와 테 드 웨 머 표웃베네 묘링쳇
떠 송 떠 야 머빠윙바데 베 쌋 가 따 잉 마 뽀 메 쬬룽나잉비 어켓어케다잉 잉테가 메잇따떠야네 묘링쳇
떠 쏭 떠 야 머빠윙바데 뻬 샷 가 따 잉 마 뽀 메 쬬 룽 나 잉 비 어켓어케 다 잉 잉 테 가 띳싸 떠야네 뻬쌋

1. 라

2. 어똥 어레 머 시 잉 네 바 어뻬 야웅레 머핏잉 네 바 어꽁야유뜨와 뻬양 머웅에 나 네 도 어
똥 어레 머 시 잉 레 어똥 어레 머 핏 잉 레 어 꽁야 유 뜨 와 뻬양 머웅에 나 바네

မျှော်လင့်ချက် တစ်စုံတစ်ရာ 묘링쳇 떠쏭떠야 - **희망 하나**

ေတးဆို : နီနီခင်ဇော် 떼소(노래): 니니킨쬬

~ ** A ** ~

(အကြိမ်ကြိမ် အခါခါ ရှုံးလည်း ယုံကြည်တာတွေ မစွန့်လွှတ်လိုက်ပါနဲ့

어쩨잉쩨잉   어카카   슝레   용찌다드웨   머쑤앙 흐룻라잇바네

(여러 번 실패해도 믿는 것은 버리지 마세요.

အန္တရာယ်လည်း များပါစေ ဆူးခင်းလမ်းတွေ ဖြစ်ပါစေ

안더예레   먀바세   수킹랑드웨   핏바세

위험이 많아도 가시가 깔린 길이라도

အချိန်တိုင်း ထိရှနာကျင်ဆဲ ရင်ဟာ ပွဲကြေဂေဝါးလည်း

어체잉다잉   티샤나찡세   잉하   뻬쯔웨웨와레

항상 가슴 아프고 가슴이 찢어져도

အနာဂတ်များ မှောင်မိုက်နေလည်းပဲ

어나갓먀   흐마웅마잇네레베

미래가 캄캄해도

ဒီဘဝထဲ လက်တွဲမဖြုတ်ဘဲနဲ့

디버와테   렛드웨머퓨옷베네

이번 생에 손을 놓지 말고(손잡고)

---

116   01 노래들

မျှော်လင့်ချက် တစ်စုံတစ်ရာ မပါဝင်ပါတယ်　　ပေးဆပ်ကာသာ ရင်မှာ ပျော်မယ်

묘링쳇　　　떠쏭떠야　　머빠윙바데　　　　빼샷가따　　잉마　　뽀메

기대한 것 아무것도 없다.　　　　희생하면서 가슴이 뿌듯하다.

ကျော်လွှန်နိုင်ပြီ အခက်အခဲတိုင်း ရင်ထဲက မေတ္တာတရားနဲ့

쬬룽나잉비　　　어켓어케다잉　　　잉테가　　　메잇따떠야네

극복할 수 있다. 모든 어려움을 가슴속의 자비심으로

မျှော်လင့်ချက် တစ်စုံတစ်ရာ မပါဝင်ပါတယ်　　ပေးဆပ်ကာသာ ရင်မှာ ပျော်မယ်

묘링쳇　　　떠쏭떠야　　머빠윙바데　　　　빼샷가따　　잉마　　뽀메

기대한 것 아무것도 없다.　　　　희생하면서 가슴이 뿌듯하다.

ကျော်လွှန်နိုင်ပြီ အခက်အခဲတိုင်း ရင်ထဲက သစ္စာ တရားနဲ့ ပေးဆပ်လာ)**

쬬룽나잉비　　　어켓어케다잉　　　잉테가　　띳사　　떠야네　　빼샷라

극복할 수 있다. 모든 어려움을 가슴속의 자비심으로 희생했다.)**

အတုံ့အလှည့် မရှိရင်နေပါ အပြောင်းအလဲ မဖြစ်ရင် နေပါ

어뚫어흐레　　　미시잉네바　　어뻬아웅이데　　미핏잉　네바

돌려받는 것 있어두 괜찮다. 변함없어도 돼.

အကုန် ရယူသွား ပြန်မငဲ့ညှာနဲ့တော့

어꾿　　야유뜨와　　뻐얀 머응에냐 네도

다 가져가. (날)생각해주지 않아도 된다.

20. 희망 하나　　117

~ ** B ** ~

(အတုံ့အလှည့် မရှိရင်လည်း အပြောင်းအလဲ မဖြစ်ရင်လည်း

어똥어ㅎ레　　머시잉레　　어뻬야옹어레　　머핏잉레

(돌려받는 것 없어도 괜찮다. 변함없어도 돼.

အကုန် ရယူသွား ပြန်မငဲ့ညှာပါနဲ့) *

어꽁　　야유뜨와　　뻬양 머옹에냐 바네

다 가져가. (날)생각해주지 않아도 된다.)**

အကြိမ်ကြိမ် အခါခါ ရှုံးလည်း ယုံကြည်တာတွေ မ စွန့်လွှတ်လိုက်ပါနဲ့

어쩨잉쩨잉　　어카카　　숑레　　용지다드웨　　머 스왕ㅎ룻라잇바네

여러 번 실패해도 믿는 것은 버리지 마요.

အန္တရာယ်လည်း များပါစေ ဆူးခင်းလမ်းတွေ ဖြစ်ပါစေ

안더에레　　먀바세　　수킹랑드웨　　핏바세

위험이 많아도 가시가 깔린 길이라도

အချိန်တိုင်း ထိရှနာကျင်ဆဲ ရင်ဟာ ပွဲကြေပေါဂါးလည်း

어체잉다잉　　티샤나찡세　　잉하　　뻬쯔웨웨와레

항상 가슴 아프고 가슴이 찢어져도

အနာဂတ်များ မှောင်မိုက်နေလည်းပဲ

어나갓먀　　ㅎ마옹마잇네레베

미래가 캄캄해도

ဒီဘဝထဲ လက်တွဲ မဖြုတ်ဘဲနဲ့

디 버와테   렛드웨   머퓨옷베네

이번 생에 손을 놓지 말고(손잡고)

💡 '희망 하나' 주요 어휘

미얀마어	발음	해석
အကြိမ်ကြိမ်အခါခါ	어쩨잉쩨잉어카카	여러 번
ရှုံးသည်	숑디	실패하다.
ယုံကြည်သည်	용지디	믿다.
စွန့်လွတ်သည်	수앙흐룻디	포기하다.
အန္တရာယ်များသည်	안더예먀디	위험하다.
S1 + V1 + ပါစေ S2 + V2 + ပါစေ	S1 + V1바세 S2 + V2바세	S1이 V1하든, S2가 V2하든
ဆူးခင်းလမ်း	수킹랑	가시밭길
အချိန်တိုင်း	어체잉다잉	매 순간
ထိရှသည်	티샤디	(뭔가에) 찔리다.
နာကျင်သည်	나찡디	아프다, 고통받다.
V + ဆဲ	쌔	계속 V 하고 있다.
ပွဲကြေသည်	뻬쯔웨디	깨지다, 떨어지다.
ဝေဝါးသည်	웨와디	흐릿하다.
အနာဂတ်	어나갓	미래
မှောင်မိုက်နေသည်	마웅마잇네디	어둡다.
ဒီဘဝ	디버와	이번 생

လက်တွဲဖြုတ်သည်	렛뜨웨표웃디	손을 떼다, 같이 하던 일에 발 빼다.
မျှော်လင့်ချက်	묘링쳇	기대, 희망
တစ်စုံတစ်ရာ	떠쏭떠야	무언가, 하나
ပါဝင်သည်	빠윙디	들어가 있다, 포함되다.
ပေးဆပ်သည်	뻬쌋디	희생하다, 헌신하다.
ပျော်သည်	뾔디	즐기다, 즐겁다.
ကျော်လွန်သည်	쪼룽디	지나가다, 극복하다.
အခက်အခဲ	어켓어케	어려움
N + တိုင်း	N다잉	N마다, 모든 N
ရင်ထဲက	잉테가	가슴속의
မေတ္တာတရား	메잇따떠야	애정, 사랑, 자비심
သစ္စာတရား	띳싸떠야	충성, 충실
ပေးဆပ်သည်	뻬삿디	희생하다, 헌신하다.
အတုံ့အလှည့်	어똥어레	답례
အပြောင်းအလဲဖြစ်သည်	어빠웅어레핏디	변화되다.
အကုန်	어꽁	모두, 다
ရယူသွားသည်	야유프와디	가져가다.
ပြန်ငဲ့ညှာသည်	뻬양웅에냐디	되돌려 생각하다.

chapter 02

ကိုရီးယား ဟင်းနဲ့ အစားအစာတွေ
한국의 요리와 먹거리들

짜익티요 일출

ဂင်မ်ချီ
김치
김치

 p.194

※ ပါဝင် ပစ္စည်းတွေ (ဓာတ်သဘာဝ) 빠웡 뻿시드웨 (닷더바와)

1. **မုန်ညင်း** | ၂ ထုပ် ၊ (အရှည်လိုက် နှစ်ခြမ်းခွဲပါ)
   몽닝 | 하넛 토웃 | 어쉬라잇 하넛창크웨바

2. **ရိုးရိုးဆား** | ၃၀၀ ဂရမ် (၂ ခွက်)
   요요사 | 똥야 그람 (하넛 크왓)

3. **ကိုရီးယား ပုစွန်ငါးပိ** | ၉၀ ဂရမ်
   꼬리야 버중아뻬 | 꼬세 그람

4. **ငရုတ်သီးမှုန့်** | ၇၀ ဂရမ်
   응아욧띠흐몽 | 쿠너쎄 그람

5. **ကြက်သွန်န** | ၁၀၀ ဂရမ် (အခွံခွာပြီး ပါးပါး လိုးထားတာ)
   쩻뚱니 | 떠야 그람 (어쿵크와비 빠빠 흐리타다)

6. **ဆား** | ၂ စားပွဲဇွန်း
   싸 | 하넛 싸브웨중

7. **သကြား** | ၂ စားပွဲဇွန်း
   더자 | 하넛 싸브웨중

※ ပါဝင် ပစ္စည်းတွေ | ဓာတ်သဘာဝ 등은 '들어가는 것들, 재료' 의 뜻으로, 유사어로 혼용함.

8. ကြက်သွန်ဖြူ   ၇ လုံး (အခွံ နွှာ ထောင်းပြီး)
   쩻똥퓨   쿠닛 롱 (어쿵 ㅎ느와타웅비)

9. ချင်း   ၁ လုံး (၂.၅ စင်တီမီတာ ၊
   징   띳 롱 (ㅎ닛 닷떠마 응아 센티미타 /
                 အခွံ ခွာထောင်းတဲ့အရာ)
                 어쿵 크와타웅데어야)

10. မုန်လာဥဖြူ   ၁ ဥ(တောင့်)
    몽라우퓨   띳 우 (따웅)
                 (ပါးပါး ရှည်ရှည် လှီးထားပြီး)
                 (빠빠 쉬쉬   ㅎ리타비)

11. ကြက်သွန်မြိတ်ကြီး   နှစ် ပင် (လှီးထားပြီး)
    쩻똥메잇찌   ㅎ닛 뼁 (ㅎ리타비)

※ ချက်နည်း 쳇니

၁။ မုန်ညင်း ချက်နာပြင် အနံ့ ရိုးရိုးဆားနဲ့ ပက်ပြီး
1. 몽닝   니엣나쁑   이ㅎ낭 요요씨네 빢비

နွမ်းအောင် လုပ်ပါ ။ ၄ နာရီလောက် ထားထားပါ ။
느왕아웅   로옷바   레 나이라옷   타타바

အဲဒီနောက် မုန်ညင်းကို ခပ်ဖွဖွ ဆေးပြီး အခြောက်ခံပါ ။
에디나옷   몽닝고   캇프와프와 쎄비 어차웃캉바

၂။ ပုစွန်ငါးပိနဲ့. ရှုတ်သီးမှုန့်. ၊ ကြက်သွန်နီ ၊ ဆား ၊ သကြား ၊ ကြက်သွန်ဖြူ
2. 버중응아삐네   응아욧띠ㅎ몽   쩻똥니   / 사 / 더자 / 쩻똥퓨 /

※ ချက်နည်း | ဟင်းနည်း | ပြုလုပ် နည်း၊(쳇니, 힝니, 쀼로옷 니)는 '요리방법'이라는 유사어로 혼용하며, '힝니'는 주로 끓이는 요리에 사용,
'쀼로옷 니'는 '만드는 방법'이라는 어감으로 사용함.

ဂျင်းတို့ကို ဘလန်ဒါထဲ ထည့်မွှေပြီး အနှစ်လုပ်ပါ။
진또고   바란다(베란다)테   테흐므웨비   어흐닛로웃바

ဘလန်ဒါထဲက အနှစ်ကို ထုတ်ပြီး ပါးပါး ရှည်ရှည် လှီးထားတဲ့ မုန်လာဥဖြူနဲ့
바란다테가   어흐닛꼬   토웃뻬   빠빠쉐쉐   흐리타데   몽라우퓨네

ကြက်သွန်မြိတ်ကြီး (သို့မဟုတ်) ကြက်သွန်မြိတ်ကို ကောင်းမွန်စွာ ရောစပ်ပါ။
쩻똥메잇찌   (도머호웃)   쩻똥메잇꼬   까옹믕스와   요쌋바

3။ ရောစပ်ထားသော အနှစ်ကို နွမ်းနေသော မုန်ညင်းရွက်များ ကြားသို့ အနံ့
3.   요쌋타도   어흐닛고   흐느왕네도   몽닝유웻먀   짜도   어흐낭

သုတ်လိမ်းထည့် ပေးပါ။
또웃레인테   뻬바

4။ ထို မုန်ညင်းထုပ်ကို လေလုံအောင် ဂင်မချိဘူးတွင် သေချာ ထည့်သိမ်းပါ။
4.   토   몽닝토웃고   레롱아옹   김치부뜨웡   떼차   테떼인바

ရေခဲသေတ္တာထဲသို့ မထည့်ခင် အပြင်တွင် တစ်ရက်တာ နပ်ထားပါ။
예케뼷따테도   머테킹   어뼁드웡   떠옛따   흐낫타바

ဂင်မ်ချိ ဟင်းချို
김치 힝쵸

김치찌개

 해석 p.196

ပါဝင် ပစ္စည်းတွေ (ဓါတ်သဘာဝ) 빠웡 뻿시드웨 (닷더바와)

1. ဂက်သား	၁၀၀ ဂရမ် (ပါးပါးလှီးပြီး)
웻따	떠야 그람 （빠빠ㅎ리비）
2. ဂျင်းအနှစ်	၁ စားပွဲဇွန်း
징어ㅎ닛	떠 싸브웨중
3. ငံပြာရည်အကြည်	၂ စားပွဲဇွန်း
앙빠이어찌	ㅎ닛 싸브웨중
4. ရေတက်ကောင်း မှုန့်	၁ ကားပွဲဇွန်း
웅아유까웅몽	띳 쓰브웨중
5. သကြား	၁ စားပွဲဇွန်း
더자	띳 싸브웨중
6. ဂင်မ်ချိ(ဂင်မ်ချိရည်)	၂၀၀ ဂရမ် (နှပ်ထားပြီး ချဉ်တဲ့ ဂင်မ်ချိ , ဂင်မ်ချိရည်)
김치(김치이)	ㅎ너야 그람 （ㅎ낫타비 치데 김치, 김치이）
7. ရေ	၃၇၅ မီလီ လီတာ
예	똥야 쿠너쎄 웅아 미리 리타

2. 김치찌개

8. ပဲပြားပျော့
베빠뾰

9. ကြက်သွန်မြိတ်အကြီး
쩻똥메잇어찌

၁ တုံး
띳 똥

လုံးထားပြီး
흐리타비

ချက်နည်း 쳇니

၁ ။ ၀က်သားကို ဂျင်းအနစ် ၊ ပဲငံပြာရည် ၊ ရေရ်ကောင်း ၊ သကြားနဲ့ ဝင်မချိရည်တို့နဲ့
1.   웻따고   진어흐닛   /   베양빠이   /   옹아윷까옹   /   더자네   김치이도네

ရောလုံးပြီး မိနစ် ၂၀ လောက် ထားပါ ။
요롱비   미닛   흐너쌔 라웃   타바

၂ ။ ရောလုံးထားသော ၀က်သားကို အချဉ်ဖောက်ပြီး ဝင်မချိနဲ့၊ အတူ အိုးထဲ ထည့်ပါ ။
2.   요롱타도   웻따고   어칭파옷뻬   김치네   어뚜   오테   테바

ရေထည့်ပြီး ဆူအောင် ထားပါ ။
예테비   수아웅   타바

၃ ။ ရေဆူလျှင် ပဲပြားပျော့ထည့်ပြီး မီးလျှော့ကာ မိနစ် ၂၀ လောက် နပ်ထားပါ ။
3.   예수흐링   베빠뾰   테비   미쇼가   미닛 흐너쌔라웃   흐낫타바

၄ ။ ပြီးလျှင် (ထို့နောက်) လုံးထားတဲ့ ကြက်သွန်မြိတ်ကို ထည့်ပြီး သုံးဆောင်နိုင်ပါပြီ ။
4.   삐흐링   (토나옷)   흐리타데   쩻똥메잇고   테비   똥아웅나잉바비

ပဲပြားပျော့ ဟင်းချို

베빠뾰 힝쵸

순두부찌개

 해석 p.197

ပါဝင် ပစ္စည်းတွေ (ဓာတ်သဘာဝ) 빠웡 뻿시드웨 (닷더바와)

1. အနီရောင် ရေတ်ဆီ — ၁ စားပွဲဇွန်း
   어니야웅   응아욧씨 — 띳 싸브웨중

2. ထောင်းထားတဲ့ ကြက်သွန်ဖြူ — ၁ စားပွဲဇွန်း
   타웅타데   쩻똥퓨 — 띳 싸브웨중

3. ရေတ်သီးမှုန့် — ၁ စားပွဲဇွန်း
   응아욧띠흐몽 — 띳 싸브웨중

4. ပဲငံပြာရည်အကြည် — ၁ စားပွဲဇွန်း
   뻬왜빠이어찌 — 띳 싸브웨중

5. အမဲသားမှုန့်(အနှစ်) — ၂ပုံ ၁ ပုံ စားပွဲဇွန်း
   어메따흐몽(어흐닛) — 흐닛 뽕 띳 뽕 싸브웨중

6. ကြက်သွန်နီ — ၅၀ ဂရမ် (အခွံ နွှာပြီး လှီးထားပြီး)
   쩻똥니 — 응아세 그람 (어킁 흐느와비 흐리타비)

7. ဂင်မ်ချိ — ၃၀ ဂရမ် (တုံးထားပြီး)
   김치 — 똥세 그람 (똥타비)

3. 순두부찌개   127

8. ပက်သား ｜ ၅၀ ဂရမ် (လုံးထားပြီး)
   ဝ웻따 ｜ 응아세 그람 (ㅎ리타비)

9. ရေ ｜ ၂၅၀ မီလီ လီတာ (၁ ခွက်)
   예 ｜ ㅎ녀야응아세 미리 리타 (띳 크왇)

10. ပဲပြားပျော့ (တို့ဟူး) ｜ ၁ တောင့် (၁၄၀ ဂရမ်)
    베빠뾰 (또후) ｜ 띳 따웅 (떠야 레세 그람)

11. ကြက်ဥ ｜ ၁ လုံး
    쩻우 ｜ 아 롱

12. ကြက်သွန်မြိတ် ｜ ၁ ပင် (ပါးပါးရှည်ရှည် လုံးထားတာ)
    쩻똥메잇 ｜ 띳 삥 (빠빠쉬쉬 ㅎ리타다)

ချက်နည်း 쩻니

၁ ‖ မြေအိုး အလွတ်ကို အပူပေးပါ ‖ အပူကို လျော့ပြီး ရေတ်ဆီ ထောင်းထားတဲ့
1. 미에오 어르웻고 어부뻬바 / 어뿌고 쇼비 응아욧씨 / 타웅타데

ကြက်သွန်ဖြူ ၊ ရေတ်သီးမှုန့် ၊ ပဲပြားရည်အကြည် ၊ အမဲသားမှုန့် ၊ ကြက်သွန်နီ ၊
쩻똥퓨 / 응아욧띠ㅎ몽 / 베양빠이어찌 / 어메다ㅎ몽 / 쩻똥니 /

ဂင်မချီနှင့် ပက်သားကို ထည့်ပါ ‖ ၅ မိနစ်ခန့် လုံးပါ ‖
김치ㅎ닝 웻따고 테바 / 응아 미닛캉 롱바

၂ ‖ ရေထည့်ပြီး ဆူအောင် တည်ပါ ‖ ပဲပြားပျော့ကို ပုံမပျက်အောင် သတိထားပြီး
2. 예테비 수아웅 떼바 / 베빠뾰고 뽕머뻬엣아웅 더디타비

ထည့်ပါ ‖ ၁၀ မိနစ် ၊ ၁၅ မိနစ် လောက် မီး ခပ်ပျော့ပျော့နဲ့ တည်ထားပါ ‖
테바 / 떠쎄 미닛 / 쌍아 미닛 라웃 미 캇쇼뾰네 떼타바

၃။ ကြက်ဥကို ဖောက်ထည့်ပြီး မီးပိတ်ပါ။ ကြက်သွန်မြိတ် ပါးပါးလှီးထည့်ပြီး
3.   쩻우고   파웃테비   미뻬잇바 /   쩻똥메잇   빠빠 흐리테비

စားလို့ရပါပြီ။
싸로 야바비

📷 먀욱우석탑

관리가 어려운 와중에도 티(T E E)만은 빛나게...

3. 순두부찌개

ကြက်ပြုတ် ဟင်းချို
쩻뾲웃 힝죠

삼계탕(Chicken Ginseng stew)

 해석 p.198

ပါဝင် ပစ္စည်းတွေ (ဓာတ်သဘာဝ)   빠윙 뻿시드웨 (닷더바와)

1. ကြက် တစ်ကောင် — ၁ - ၁.၅ kg
   쩻   더가웅   띳 – 띳 닷떠마 아 키로그람

2. ကိုရီးယား ဂျင်ဆင်း — ၈ cm ၃ ခု
   꼬리야   진싱   싯 센티미타 똥 쿠

3. ကောက်ညှင်း — ၉၀ ဂရမ် (တစ်နာရီလောက်
   까웃닝   꼬세 그람   (띳 나이라웃
   ရေစိမ်ထားပြီး ရေစစ်ထားပါ)
   예 쎄인타비   예씻타바)

4. ကြက်သွန်ဖြူ — ၆ လုံး (အခွံ ခွာပြီး)
   쩻똥퓨   챠웃 롱 (어킁 크와비)

5. ရေ — ၃ လီတာ
   예   똥 리타

6. ဆီးသီး ခြောက် — ၂ လုံး
   씨디   챠웃   흐닛 롱

7. သစ်ကြားသီး   6 လုံး (အခွံ ခွာပြီး)
   띳짜디   챠웃 롱   (어쿵 크와비)

8. ဆား   အသင့်တင့်
   사   어띵띵

9. ငရုတ်ကောင်း   အသင့်တင့်
   응아욧까웅   어띵띵

ဟင်းနည်း 힝나

၁ ။ ကြက်ကို ဆေးပြီး ကလီဇာ ထုတ်ပါ ။ ခေါင်း ၊ ခြေထောက် ၊ အတောင်ပံပိုင်းနဲ့
1.   쩻꼬   세비   꺼리자   토웃바 / 가웅 / 채다웃 / 어따웅빵바잉네

လည်ပင်းကို ဖယ်လိုက်ပါ ။ ကိုယ်ထည်ပဲ ချန်ထားပြီး စင်အောင် ဆေးပါ ။
레뼁고   페라잇바 /   꼬테베   찬타비   씽아웅   세바

၂ ။ တုတ်တံဖြင့် ၊ လည်ပင်းနဲ့ ကိုယ်ထည်ကို ထိုးထည့်ထားပြီး ပုံစံ မပျက်အောင်
2.   또웃땅핑   레뼁네   꼬테고   토테타비   뽕상   머뻬엣아웅

လုပ်ကာ ၊ ဂျင်ဆင်း ၊ ကောက်ညှင်း ၊ ကြက်သွန်ဖြူကို ကြက် ကိုယ်ထဲကို သွတ်သွင်းပါ ။
로웃까 /   진싱 /   까웃흐닝 /   쩻똥퓨고   쩻   꼬테고   뜨웻뜨윙바

၃ ။ ကြက်ရဲ့ ကိုယ်ထည်အောက်ပိုင်းကို ကြိုးနဲ့ ချည်ပြီး ထည့်ထားတဲ့ အစာတွေ အပြင်
3.   쩻예   꼬테아웃바잉고   쪼네 치비 테타데   어싸드웨   어뼁

မထွက်အောင် လုပ်ပါ ။ ကြက်ကို အိုးထဲ ထည့်ပြီး ဆူအောင် တည်ပါ ။
머트웻아웅   로웃바 /   쩻꼬   오테 테비   수아웅   떼바

၄ ။ မီးကို လျှော့ပြီး အနီရောင် ဆီးသီးနဲ့ သစ်ကြားသီးကို ထည့်ပါ ။ ကြက်သား
4. 미고 쇼비 어니야옹 지디네 띳짜디고 테바 / 쩻따

နူးလာတဲ့အထိ လျှော့ထားတဲ့ မီးနဲ့ တည်ထားပါ ။
누라데어티 쇼타데 미네 떼타바

၅ ။ ဝါးချောင်းကို ဖယ်ပြီး စားသုံးလို့ ရပါပြီ ။
5. 와차웅고 페비 싸똥로 야바비

📷 먀욱우 신전

시간을 거슬러 고대의 사원으로!

ပြည်ကြီးငါး
မုန်လာဥ ဟင်းချို

삐징아 몽라우 힝죠

오징어 뭇국

 해석 p.200

ပါဝင် ပစ္စည်းတွေ (ဓာတ်သဘာဝ) 빠윙 뼷시드웨 (닷더바와)

1. ပြည်ကြီးငါး 삐징아	တစ်ကောင် 더가웅
2. ရေတ်သီး အစပ် 응아욧띠 어쌉	၂ ပုံ ၁ ပုံ (တစ်တောင့်ရဲ့ တစ်ဝက်) ㅎ닛 뽕 띳 뽕 (더따웅예 떠윗)
3. ရေတ်သီး အနီ 응아욧띠 어니	၂ ပုံ ၁ ပုံ ㅎ닛 뽕 띳 뽕
4. ကြက်သွန်မြိတ်အကြီး 쮓똥메잇어찌	၅ ပုံ ၁ ပုံ 응아 뽕 띳 뽕
5. ပဲငံပြာရည် ကျဲ 베앙빠이 쩨 (ဟင်းချို ခတ်တဲ့ ငံပြာရည်) (힝죠 캇데 앙빠이)	၁ ဇွန်းသေး 띳 중떼
6. ရေတ်သီးမှုန့် 응아욧띠ㅎ몽	၁ ဇွန်းသေး 띳 중떼

5. 오징어 뭇국 **133**

7. ဈားပြား ရိုက်ပြီး လုံးထားတဲ့
닷빠 야읻뻬 ㅎ리타데

ကြက်သွန်ဖြူ
쩻뚱퓨

8. ဆား
싸

9. ရေတ်ကောင်း
응아욧까웅

၂ ပုံ ၁ ပုံ ဇွန်းသေး
ㅎ닛뽕 띳뽕 중떼

၄ ပုံ ၁ ပုံ ဇွန်းသေး
레뽕 띳뽕 중떼

၄ ပုံ ၁ ပုံ ဇွန်းသေး
레뽕 띳뽕 중떼

ပြုလုပ် နည်း 뿌로웃 니

၁။ ငါးသလဲထိုးနဲ့ ပင်လယ်ရေညှိကို သုံးပြီ ဟင်းချို ကျိုပါ။

1. 응아따레토네 뻥레이ㅎ니고 똥비 힝쬬 쪼바

၂။ ပြည်ကြီးငါးကတော့ တစ်လုတ်စာ အရွယ် လုံးပြီး မှန်လာဉကတော့ ခပ်ပါးပါး

2. 뻬징아가도 떠로웃싸 어유웨 ㅎ리비 몽라우가도 캇빠빠

ခပ်ကြီးကြီး လုံးပြီး ကြက်သွန်မြိတ်ကြီးနဲ့ ရေတ်သီးကိုတော့ ခပ်စောင်းစောင်း

캇찌찌 ㅎ리비 쩻뚱메잇찌네 응아욧띠고도 캇싸웅싸웅

လုံးထားပါ။

ㅎ리타바

၃။ ဟင်းချိုထဲကို မှန်လာဉကို ထည့်ပြီးတော့ ရေတ်သီးမှုန်။၊

3. 힝쬬테고 몽라우고 테비도 응아욧띠ㅎ몽

ပြားရိုက်ထားတဲ့ ကြက်သွန်ဖြူ၊ ပဲငံပြာရည်ကျဲကို ထည့်ပြီး ပြုတ်ပါ။

빠야잇타데 쩻뚱퓨 / 뻬양빠이쩨고 테비 뾰웃바

၄ ။ ပွက်ပွက် ဆူလာရင် ပြည်ကြီးငါးနဲ့ ကြက်သွန်နီကို ထည့်ပြီး ပြုတ်ပါ ။
4. 쁘왯쁘왯   수라잉   삐징아네   쩻뚱니고   테비   뾰웃바

၅ ။ ပြည်ကြီးငါးက ကျက်ပြီး မုန်လာဥက ကြည်လာရင် ရေထ်သီးကို ထည့်ပြီး
5. 삐징아가   쩻비   몽라우가   찌라잉   웅아욧띠고   테비

ဆက်ပြုတ်ပါ ။
셋뾰웃바

၆ ။ လုံး(၁) ကျက်ခါ နီးမှာ နောက်ဆုံးအနေနဲ့ လိုတဲ့အပေါ်, အငန်ကတော့ ဆားနဲ့
6. 롱와   쩻카 니마   나웃송어네네   로데어뽀   어응앙가도   사네

ရေထ်ကောင်းနဲ့, ထပ်ထည့်ပြီး လှီးထားတဲ့ ကြက်သွန်မြိတ် အကြီးကို ထည့်ပြီး ထပ်
웅아욧가웅네   탓테비   흐리타데   쩻뚱메잇   어찌고   테비   탓

တည်ထားပါ ။
떼타바

နမ်း ရွက် ဂင်မ်ချီ
ㅎ낭 유웻 김치

깻잎 김치

 해석 p.201

ပါဝင် ပစ္စည်း 빠윙 뻿씨

1. နမ်း ရွက် | ၁၀ ရွက်
ㅎ낭유웻 | 떠쎄 유웻

ပါဝင် ပစ္စည်း II ငံပြာရည် ဆော့စ် 빠윙 뻿씨 : 앙빠이 쏘웃

2. ငံပြာရည် | ၂ ပုံ ၁ ပုံ ခွက်
앙빠이 | ㅎ닛 뽕 띳 뽕 크왓

3. ရေ | ၄ ပုံ ၁ ပုံ ခွက်
예 | 레 뽕 띳 뽕 크왓

4. ချောင်းဂျူ (ဆန်အရက်)
챠웅주   (싼어옛)

အရည်ကြည် - အပေါ်ယံ အရည်) | ၂ ဇွန်းကြီး
어이찌   – 어뽀용   어이) | ㅎ닛 중찌

5. ဟင်းချို လုပ်ဖို့ ငါးသလဲထိုး | ၁၀ ကောင်
힝쵸   로웃포   아더레토 | 떠쎄 가웅

6. ပင်လယ်ရေညှိ | ၁ ပြား (၃ အမြောက် ၃ စင်တီ မီတာ)
뻥레예ㅎ니 | 띳 빠 (똥 어ㅎ먓 똥 쎈티 미타)

7. ဂျင်း | ၁ တက်
징 | 띳 뗏

ပါဝင် ပစ္စည်း ။ အနှစ် 빠윙 뻿씨: 어ㅎ닛

8. ငံပြာရည် ဆော့စ | အပေါ်မှာ လုပ်ထားတာ
앙빠이 쏘웃 | 오뽀마   로웃타다

9. ရေညှိသီးမှုန့် | ၂ ဇွန်းကြီး
응아욧띠ㅎ몽 | ㅎ닛 중떼

10. ဓားပြားရိုက်ထားတဲ့ ကြက်သွန်ဖြူ | ၁ ဇွန်းကြီး
닷빠야잇타데   쩻똥퓨 | 띳 중떼

11. သကြား | ၁ ဇွန်းကြီး
더자 | 띳 중떼

12. မယ်ရှိုးလ် ချောင်း
메시르   쟈웅

(ဂျပန် ဖီးသီး အရက်) | ၁ ဇွန်းကြီး
(자빤   지디어엣) | 띳 중찌

13. နမ်းစွေ | ၁ ဇွန်းသေး
ㅎ낭쎄 | 띳 중떼

ပြုလုပ် နည်း ㅃ로옷 니

၁။ နမ်းရွက်ကို သန့်ရှင်းအောင် ဆေးပြီး ရေကို စင်အောင် လုပ်ပါ။

1. ㅎ낭유웻꼬   딴신아웅   세비   예고   씽아웅   로옷바

၂။ မုန်လာဥနီနဲ့ ကြက်သွန်နီကို ပါးပါးမွှန်းပြီး ကြက်သွန်မြိတ် အကြီးကိုတော့

2. 몽라우니네   쩻똥니고   빠빠ㅎ므왕비   쩻똥메읻   어찌고도

ခပ်စောင်းစောင်း လှီးပြီး ပြင်ဆင်ထားပါ။

캇싸웅싸웅   흐리비   ㅃ씽타바

၃။ ငြာရည်ထဲကို ရေ၊ ချောင်းဂျာ။ ဟင်းချို ချက်တဲ့ ငါးသလဲထိုးကို ထည့်ပြီး

3. 앙빠이테고   예/차웅주/힁쵸   쳇데   응아따레토고   테비

တစ်ခေါက် တည်ထားပါ။ အဖတ် အားလုံး ဆယ်ပြီး အအေးခံပါ။

떳카웃   떼타바   어팟   아롱   세비   어에캉바

၄။ အအေး ခံထားတဲ့ ငြာရည်ထဲကို အနှစ် လုပ်ဖို့ ပါဝင် ပစ္စည်းတွေကို ထည့်ပြီး အနှစ်

4. 어에   캉타데   앙빠이테고   어흐닛 로옷포   빠윙 뻿씨드웨고   테비   어흐닛

လုပ်ပါ။

로옷바

၅။ နမ်းရွက် ၂-၃ ရွက်ကို ထပ်၍ အနှစ်ကို သုတ်ပြီး အထပ်လိုက် ထပ်ကာ လေလုံတဲ့

5. ㅎ낭유웻 ㅎ닛-똥 유웻고   탓이   어흐닛고   또옷비   어탓라잇   탓가   레롱데

ဗူးထဲ ထည့်ပြီး ရေခဲရှိုက်ထားပါ။

부테   테비   예케야잇타바

အမဲသား မုန်လာဥ ဟင်းချို
어메다 몽라우 힝죠

소고기 뭇국

 해석 p.202

ပါဝင် ပစ္စည်းတွေ (ဓာတ်သဘာဝ) 빠윙 뻿시드웨 (닷더바와)

1. **အမဲသား (ခြေထောက်သား)** — ၂၀၀ ဂရမ်
   어메다 (체타옷따) — ၂ ၁၀ 그람

2. **ရေ** — ၄ ခွက်
   예 — 레 크왓

3. **မုန်လာဥ** — ၃ ပုံ ၁ ပုံ
   몽라우 — 똥 뽕 띳 뽕

4. **ငံပြာရည်** — ၁ ဇွန်းကြီး
   앙빠이 — 띳 중찌

5. **ပင်လယ်ရေညှိ** — ၂ ပြား (၃ အမြောက် ၃ စင်တီ မီတာ)
   뼁레예ㅎ니 — ㅎ닛 빠 (똥 어ㅎ먓 똥 쎈티 미타)

6. **ကြက်သွန်မြိတ် အကြီး** — ၄ ပုံ ၁ ပုံ
   쩻똥메잇 어찌 — 레 뽕 띳 뽕

7. 소고기 뭇국   **139**

7. ကြက်သွန်ဖြူ
쩻똥퓨

၁ ဖွန်းသေး
뗫 중떼

(ဓားပြားရိုက်ပြီး လုံးထားပြီး)
(다빠야옷뻬 ㅎ리타비)

8. ငရုတ်ကောင်း
응아욧까웅

၃ ပုံ ၁ ပုံ
똥 뽕 띳 뽕

9. ဆား
싸

၃ ပုံ ၂ ပုံ ဖွန်းသေး
똥 뽕 ㅎ닛 뽕 중떼

ပြုလုပ် နည်း 뺘로옷 니

၁။ အမဲသားကို အနေတော် အရွယ် လုံးပြီး မုန်လာဥကို ခပ်ကြီးကြီးလေး လုံးပြီး၊
1. 어메따고 어네도 어유웨 ㅎ리비 몽라우고 캇찌찌레 ㅎ리비

ကြက်သွန်မြိတ် အကြီးကို ခပ်စောင်းစောင်း လုံးထားပါ။
쩻똥메잇 어찌고 캇싸옹싸옹 ㅎ리타바

၂။ အပူပေးထားတဲ့ အိုးထဲကို အမဲသားနဲ့ မုန်လာဥကို ထည့်ပြီး မွှေပေးပါ။
2. 어뿌뻬타데 오테고 어메따네 몽라우고 테비 ㅎ므웨뻬바

၃။ အနေတော်လေး တည်ပြီးပြီဆိုရင် ရေ၊ လုံးထားတဲ့ ကြက်သွန်ဖြူနဲ့
3. 어네도레 떼뻬비소잉 예 / ㅎ리타데 쩻똥퓨네

ပင်လယ်ရေညှိကို ထည့်ပြီး မီးပြင်းပြင်းနဲ့ တည်ထားပါ။
뼁레예ㅎ니고 테비 비뼁뼁네 떼타바

၄ ॥ နံပါတ် ၃ အဆင့်က ဆူလာမယ်ဆိုရင် အပေါ့အငန်ကို ဆား၊ ရေတ်ကောင်းတို့နဲ့
4. 남바(넘버) 똥 어싱가   수라메소잉   어뽀 어웅앙고 사 / 응아욧가웅또네

ညှိပေးပါ ॥

흐니뻬바

၅ ॥ နောက်ဆုံး အဆင့်မှာ ကြက်သွန်မြိတ် အကြီးကို ထည့်ပြီး အချိန် အနည်းငယ် ထပ်
5. 나웃쏭   어싱마   쩻똥메잇   어찌고 테비 어체잉 어니응에   탑

တည်ထားပါ ॥

떼타바

ငါးသားပြား ဟင်းချို
응아어따빠 힝죠

어묵국

ပါဝင် ပစ္စည်းတွေ (ဓာတ်သဘာဝ) 빠윙 뻿시드웨 (닷더바와)

1. ငါးအသား
   응아어따

2. ကြက်သွန်နီ
   쩻뚱니

3. မုန်လာဥ
   몽라우

4. ရေတ်သီး အစပ်
   응아욧띠 어쌋

5. ရေတ်သီး အနီ
   응아욧띠 어니

6. ကြက်သွန်မြိတ် အကြီး
   쩻뚱메잇   어찌

၁ ပြား
띳 빠

၃ ပုံ ၁ ပုံ
똥 뽕 띳 뽕

၁၀၀ ဂရမ်
떠야 그람

၁ တောင့်
띳 따웅

၁ တောင့်
띳 따웅

၅ ပုံ ၁ ပုံ
응아 뽕 띳 뽕

7. အသား ပြုတ်ရည် ၃ ခွက် (ငါးသလဲထိုး
어따 뾰웃이 똥 크왓 (응아따레토

ပင်လယ်ရေညှိနဲ့ လုပ်ပြီး)
뼁레예ㅎ니네 로웃삐)

8. ငံပြာရည် ၁ ဇွန်းသေး
앙빠이 띳 중떼

9. ကြက်သွန်ဖြူ ၂ ပုံ ၁ ပုံ ဇွန်းသေး
쩻뚱퓨 ㅎ닛 뽕 띳 뽕 중떼

(ဓားပြားရိုက်ပြီး လုံးထားပြီး)
(다빠야잇삐 ㅎ리타비)

10. ဆား ၂ ပုံ ၁ ပုံ ဇွန်းသေး
싸 레 뽕 띳 뽕 중떼

11. ရေတ်ကောင်း ၄ ပုံ ၁ ပုံ ဇွန်းသေး
응아욧까옹 레 뽕 띳 뽕 중떼

ပြုလုပ် နည်း 뾰로웃 니

၁ ။ ငါးအသားပြား၊ မုန်လာဥ၊ ကြက်သွန်နီကို ပါးပါးရှည်ရှည် လုံးထားပြီး ရေတ်သီးနဲ့ ။
1. 응아어따빠 / 몽라우 / 쩻뚱니고 빠빠쉬쉬 ㅎ리타비 응아욧띠네

ကြက်သွန်မြိတ် အကြီးကို ခပ်စောင်းစောင်း လုံးထားပါ ။
쩻뚱메잇 어찌고 캇싸웅싸웅 ㅎ리타바

၂ ။ အသားပြုတ်ထဲမှာ မုန်လာဥ၊ ငံပြာရည်၊ ဓားပြားရိုက်ပြီး လုံးထားတဲ့ ကြက်သွန်ဖြူကို
2. 어따뾰웃테ㅎ마 몽라우 / 앙빠이 / 다빠야잇비 ㅎ리타데 쩻뚱퓨고

ထည့်ပြီး မီးပြင်းပြင်းနဲ့ တည်ထားပါ။
테비   미뼁뼁네   떼타바

3. မုန်လာဥက အရောင်ကြည်လာပြီး ကျက်လာတဲ့ အချိန်မှာ ငါးအသားပြားနဲ့
3. 몽라우가   어야옹찌라비   쩻라데   어체잉ㅎ마   응아어따빠네

ရေတ်သီးကို ထည့်ပြီး တည်ထားပါ။
응아욧띠고   테비   떼타바

4. လိုအပ်တဲ့ အပေါ့အငန် အရသာကို ဆားနဲ့ ရေတ်ကောင်းကို ထည့်ပြီး ညှိပေးပါ။
4. 로앗데   어뽀어웅앙   어야다고   사네   응아욧까웅고   테비   ㅎ니뻬바

ကြက်သွန်မြိတ် အကြီးကို ထည့်ပြီး အချိန် အနည်းငယ် ထပ် တည်ထားပါ။
쩻뚱메잇   어찌고   테비   어체잉   어니응에   탓   떼타바

📷 미얀마와 태국의 국경
미얀마와 태국은 문 하나만 건너면 돼요~!

ပဲပင်ပေါက်အကြီး ဟင်းချို
베뼁빠웃어찌 힝쵸

콩나물국

 해석 p.204

ပါဝင် ပစ္စည်းတွေ (ဓာတ်သဘာဝ) 빠윙 삣시드웨 (닷더바와)

1. ပဲပင်ပေါက်အကြီး 베뼁빠웃어찌	၂၀၀ ဂရမ် 흐너야 그람
2. ကြက်သွန်မြိတ်အကြီး 쩻뚱메잇어찌	၃ ပုံ ၁ ပုံ 똥 뽕 밋 뽕
3. ဓားပြားရိုက်ပြီး 다빠 야잇뻬	
လှီးထားတဲ့ ကြက်သွန်ဖြူ 흐리타데 쩻뚱퓨	၂ ပုံ ၁ ပုံ ဇွန်းသေး (စားပွဲတင်ဇွန်း) 흐닛 뽕 밋 뽕 중떼 (싸브웨띵중)
4. ကိုရီးယား ပုစွန်ငါးပိ အရည် 꼬리야 버중옹아뻬 어니	၁ ဇွန်းအသေး (လက်ဖက်ရည်ဇွန်း) 밋 중떼 (레펫이중)
5. ဆား 싸	၃ ပုံ ၁ ပုံ ဇွန်းသေး 똥 뽕 밋 뽕 중떼
6. အသား ပြုတ်ရည် 어따뾰웃이	၄ ခွက် 레 크왓

9. 콩나물국   **145**

| ပါဝင် ပစ္စည်း ။ အသား ပြုတ်ရည် | 빠윙 뺏씨 : 어따 뽀웃이  |

7. ကြက်သွန်နီ	၂ ပုံ ၁ ပုံ
쩻뚱니	흐닛 뽕 띳 뽕
8. မုန်လာဥ	၅၀ ဂရမ်
몽라우	응아세 그람
9. ဟင်းရည် လုပ်ဖို့ ငါးသလဲထိုး	လက် ၁ ဆုပ်
힝이로웃포 응아따레토	렛 띳 소웃
10. ပင်လယ်ရေညှိ	၁ ပြား (၄ အမြှောက် ၄)
뼁레예흐니	띳 빠 (레 어흐먗 레)
11. ငါးခြောက်	၁ လက်ဆုပ်
응아챠웃	띳 렛소웃
12. ရေ	၆-၇ ခွက်
예	챠웃–쿠닛 크왓

| ပြုလုပ် နည်း 뿌로웃 니 |  |

၁ ။ အသား ပြုတ်ရည် လုပ်ဖို့ ပါဝင် ပစ္စည်းတွေကို ထည့်ကိုပြီး အသားပြုတ်ရည်

1. 어따 뽀웃이 로웃포 빠윙 뺏씨드웨고 테쪼비 어따뽀웃이

အကြည်ကို လုပ်ပါ ။

어찌고 로웃바

၂ ။ ပဲပင်ပေါက် အကြီးကို နှာပြီး ၂ ကြိမ် ၃ ကြိမ် လောက် ခါဆေးပါ ။ ရေ စင်အောင်

2. 빼뼁바웃   어찌고   흐느와비   흐녀쩨잉   똥쩨잉라웃   카세바 / 예 씽아웅

စစ်ထားပါ ။ ကြက်သွန်မြိတ်အကြီးကိုတော့ ခပ်စောင်းစောင်း လှီးပြီး ပြင်ဆင်ပါ ။
씻타바 / 쩻똥메잇어찌고도 캇싸웅싸웅 흐리 뺑싱바

၃ ။ နံပါတ် ၁ အသားပြုတ်ရည်ထဲကို ပဲပင်ပေါက်အကြီးကို ထည့်ပြီး မီးပြင်းပြင်းနဲ့
3. 낭바(넘버) 띳 어따뽀웃이테고 빼뼁바웃어찌고 테비 미뼁뼁네

တည်ထားပါ ။ ဒီအချိန်မှာ အိုးဖုံးကို ဖွင့်ထားပါ ။
떼타바 / 디어체잉흐마 오퐁고 프윙타바

၄ ။ နံပါတ် ၃ က ဆူလာရင် မားပြား ရိုက်ပြီး လှီးထားတဲ့ ကြက်သွန်ဖြူကို ထည့်ပြီး
4. 낭바(넘버) 똥가 수라잉 다빠 야잇뻬 흐리타데 쩻똥퓨고 테비

ဆက်ပြုတ်ပါ ။
셋뽀웃바

၅ ။ အားလုံးနီးပါး ကျက်ခါနီးမှာ ပုစွန်ငါးပိ အရည်၊ ဆားနဲ့ အပေါ့အငန်ကို ညှိပါ ။
5. 아롱니바 쩻카니흐마 버중웅아뻬 어이 / 사네 어뽀어웅앙고 흐니바

၆ ။ ကြက်သွန်မြိတ် အကြီးကို ထည့်ပြီး အချိန် အနည်းငယ် တည်ထားပါ ။
6. 쩻둥메잇 어찌고 테비 어체잉 어니웅에 떼타바

ငါးဥ ငါးဆားနယ် ဟင်းချို
응아우 응아싸네 힝죠

명란젓국

 해석 p.205

ပါဝင် ပစ္စည်းတွေ (ဓာတ်သဘာဝ) 빠윙 뺏시드웨 (닷더바와)

1. **ငါးဥ ငါးဆားနယ်**
   응아우 응아싸네

   ၄ ၃
   레 쿠

2. **ငါးသလဲထိုး ပြုတ်ရည်**
   응아따레토 뾰웃이

   ၂ + ၂ ပုံ ၁ ပုံ ခွက်
   ㅎ닛 빠웅 ㅎ닛 뽕 띳 뽕 크왓

3. **ပဲပြား**
   배빠

   တစ် တုံးရဲ့, ၄ ပုံ ၁ ပုံ
   띳   똥예 레 뽕 띳 뽕

4. **ရွှေဖရုံသီး အသေး**
   슈웨퍼용디   어떼

   ၃ ပုံ ၁ ပုံ ၃
   똥 뽕 띳 뽕 쿠

5. **ရေတ်သီး အစပ်**
   응아욧띠   어쌋

   ၂ ၃
   ㅎ닛 쿠

6. **ရေတ်သီး အနီ**
   응아욧띠   어니

   ၄ ပုံ ၁ ပုံ ၃
   레 뽕 띳 뽕 쿠

7. ထောင်းထားတဲ့ ကြက်သွန်ဖြူ ｜ ၁ ဖွန်းအသေး
   타웅타데   쩻똥퓨   ｜ 띳   중어떼

8. ငရုတ်သီးမှုန့်.   ｜ ၂ ပုံ ၁ ပုံ ဖွန်းအသေး
   응아욧띻몽   ｜ ᇂ닛 뽕 띳 뽕   중떼

9. ဆား   ｜ ၃ ပုံ ၁ ပုံ ဖွန်းအသေး
   싸   ｜ 똥 뽕 띳 뽕   중떼

ပြုလုပ် နည်း 뾰로웃 니

၁။ ငါးဉကို ၁ စင်တီမီတာ လောက် လှီးပြီး ပဲပြားကိုတော့ လေးထောင့် လှီးပြီး
1. 응아우고 띳   센티미타   라웃   ᇂ리비   베빠고도   레타웅   ᇂ리비

ရွှေဖရုံသီးကတော့ လေးစိတ် စိတ်၊ ခပ်ထူထူ မွှန်းပြီး ကြက်သွန်နီကိုတော့ ပါးပါးလှီးကာ
슈웨퍼용디가도   레쩨잇쩨잇 / 캇투투 ᇂ뭉비 쩻똥니고도 빠빻리가

ငရုတ်သီးကို စောင်းစောင်း ရှည်ရှည် မွှန်း၍ ပြင်ဆင်ပါ။
응아욧띠고 싸옹싸옹   쉬쉬   ᇂ뭉이 뼁싱바

၂။ အိုးထဲကို ငါးသလဲထိုး ပြုတ်ရည် ထည့်ပြီး ဆူလျှင် ရွှေဖရုံသီးအသေး၊ ငါး
2. 오테고   응아더레토   뽀웃이 테비   숳링   슈웨퍼용디어떼 / 응아우

ငါးဆားနယ်၊ ပါးပါး လှီးထားတဲ့ ကြက်သွန်နီနဲ့ ထောင်းထားတဲ့ ကြက်သွန်ဖြူတို့ကို
응아싸네 / 빠빠 ᇂ리타데   쩻똥니네   타웅타데   쩻똥퓨도고

ထည့်ပြီး ဆူအောင် တည်ပါ။
테비   수아옹   떼바

၃ ။ နံပါတ် ၂ က ဆူရင် ရေထ်သီး အစပ်ကို ထည့်ပြီးတော့ အတူ တည်ထားပါ ။
3. 낭바(넘버) ㅎ녀가 수잉 응아용띠 어쌏고 테비도 어뚜 떼타바

၄ ။ နောက်ဆုံးမှာ ကြက်သွန်မြိတ် အကြီးကို ထည့်ပြီး လိုအပ်တဲ့ အပေါ့အငန်ကတော့
4. 나웃쏭ㅎ마 쩻똥메잇 어찌고 테비 로앗데 어뽀어응앙가도

ဆားနဲ့ ထည့်ပြီး ညိုပေးပါ ။
사네 테비 ㅎ니빼바

ငါးဥ ငါးဆားနယ်ရဲ့ အပေါ့အငန်ကို လိုက်ပြီး ဆားအပေါ့အငန်ကို မိမိကြိုက်သလို
응아우 응아싸네예 어뽀어응앙고 라잇비 사어뽀어응앙고 미미짜잇더로

အတိုးအလျှော့ လုပ်ပါ ။
어또어쇼 로웃바

အမဲသားဂုံးဥ ဂျန်းဂျိုရင်းမ်

어메다응오우 장조림

소고기 메추리알 장조림

 해석 p.206

ပါဝင် ပစ္စည်းတွေ (ဓာတ်သဘာဝ) 빠윙 뼷시드웨 (닷더바와)

1. **အမဲသား**
   어메다

2. **ဂုံးဥ**
   응아우

3. **ရေတ်သီး အစပ်**
   응아욧띠   어쌎

4. **ကြက်သွန်မြိတ် အကြီး**
   쩻똥메잇   어찌

5. **ကြက်သွန်နီ**
   쩻똥니

6. **ရေတ်ကောင်းစေ့ (လော်ပြီး)**
   응아욧까웅쎄   (호로비)

7. **ရေ**
   예

---

၅၀၀ ဂရမ်
응아야 그람

၂၇၀ ဂရမ်
흐녀야 쿠녓쎄 그람

၂ တောင့်
흐넛 따웅

၁ ချောင်း
띳 쟈웅

၃ ပုံ ၁ ပုံ ၃
똥 뽕 띳 뽕 쿠

၁၀ စေ့
떠쎄 쎄

၅ ခွက်
응아 크왓

8. ပင်လယ်ရေညှို ၁ ရွက်
뼁레예ㅎ니 띳 유ᆐ

ပါဝင် ပစ္စည်း ။ ဂျန်းဂျိုရင်းမ် ဆော့စ် 빠윙 뼛씨 : 장조림 쏘옷

9. ချောင်းဂျု ၃ ပုံ ၁ ပုံ ခွက်
챠웅주 똥 뽕 띳 뽕 크왓

10. ငံပြာရည် ၃ ပုံ ၁ ပုံ ခွက်
앙빠이 똥 뽕 띳 뽕 크왓

11. အသား ပြုတ်ရည် ၁ ခွက်
어따 뾰웃이 띳 크왓

12. ရေသန့် ၃ ခွက်
예딴 똥 크왓

13. သကြား ၂ ဇွန်းအကြီး
더자 ㅎ닛 중떼

14. ဂျပန် ဇီးသီးအရက် ၁ ဇွန်း အသေး
자빤 지디어옛 띳 중어떼

15. ပင်လယ်ရေညှို ၁ ပြား (၄ အမြောက် ၄ စင်တီမီတာ)
뼁레예ㅎ니 띳 뺘 (레 어ㅎ먁 레 센티미타)

ချက် နည်း 쳇니

၁။ အမဲသားကို ရေအေးမှာ စိမ်ပြီး သွေးရည်ကို ဖယ်ထုတ်ပါ။
1. 어메따고 예에ㅎ마 쎄인비 뜨웨이고 페토웃바

၂။ ငုံဉကိုတော့ ပြုတ်ပြီး အခွံနွှာပါ။ ကြက်သွန်နီ၊ ကြက်သွန်မြိတ် အကြီး၊ နွှာထားတဲ့
2. 옹우고도 뾰웃비 어쿵 크와바 / 쩻똥니 / 쩻똥메잇 어찌 / 크와타데

ကြက်သွန်ဖြူနဲ့၊ ရေတ်ကောင်းစေ့ကို ပြင်ထားပါ။

쩻똥퓨네   응아욧까웅쎄고   뻥타바

၃။ အိုးထဲကို သွေးထုတ်ထားတဲ့ အမဲသားကို ထည့်ပြီး အသီးအရွက်နဲ့၊ ရေကို ထည့်ပါ။
3. 오테고 뜨웨토웃타데 어메따고 테비 어띠어유웻네 예고 테바

အသားကို လုံး၊ ကျက်သွားအောင် ပြုတ်ပြီး အသားပြုတ်ထားတဲ့ အရည်

어따고   롱와   쩻뜨와아웅   뾰웃비   어따뾰웃타데   어이

တစ်ခွက်လောက်တော့ သပ်သပ် ဖယ်ထားပြီး ဂျန်းဂျိုရင်းမ် ဆော့စ်ကို လုပ်တဲ့ အခါ

떠크왓라웃도   땃땃   페타비   장조림   쏘웃고   로웃데   어카

သုံးပါ။

똥바

၄။ နူးနေတဲ့ အသားကို အမျှောင်းလိုက် နွှာပြီး ပြင်ဆင်ထားပါ။
4. 누네데 어따고 어먀웅라잇 ㅎ느와비 뻥싱타바

၅။ အိုးထဲကို နွှာထားတဲ့ အသားနဲ့၊ ငုံဉ၊ ပင်လယ်ရေညှိကို ထည့်ပြီး သပ်သပ်
5. 오테고 ㅎ느와타데 어따네 옹우 / 뻥레예ㅎ니고   테비   땃땃

လုပ်ထားတဲ့ ဂျန်းဂျိုရင်းမ ဆော့စ်ကို ထည့်ပေးပါ။
로옷타데　　　장조림　　　쏘옷고　　　테뻬바

6. နံပါတ် ၅ကို မီးပြင်းပြင်းနဲ့, ဆူအောင် လုပ်ပြီးတော့ မီးကို အနေတော်လေး လျှော့ပြီး
6. 낭바(넘버) 응아고 미뻥뻥네　수아옹　로옷뻐도　미고　어네도레　쇼비

အရည် နည်းနည်း ပျစ်လာတဲ့အထိ ချက်ပေးပါ။
어이　　네네　　뻿라데어티　　쳇뻬바

📷 바간 부 퍼야

확실한 종 모양!

ပဲခေါက်ဆွဲ
베 카웃스웨

짜장면

 해석 p.208

ပါဝင် ပစ္စည်းတွေ (ဓာတ်သဘာဝ) 빠웡 뻣시드웨 (닷더바와)

1. ချဉ်းချဉ်းဆော့စ်
   충장 쏘웃

2. အမဲသား
   어메다

3. ရွှေဖရုံသီး အသေး
   슈웨퍼디   어떼

4. ဂေါ်ဖီထုပ်
   고피토웃

5. ကြက်သွန်မြိတ် အကြီး
   쩻똥메잇   어찌

6. နှန်းမားမူးလ်
   농마물

   (အကြော် ခံမှုန့်. or ကော်မှုန့်.)
   (어쪼 캉흥몽 다마마호웃 꼬흥몽)

| ၃ ဇွန်းအကြီး
| 똥 중어찌
|
| ၁၅၀ ဂရမ်
| 떠야웅아세 그람
|
| ၄ ပုံ ၁ ပုံ ၃
| 레 뽕 띳 뽕 쿠
|
| ၄ ပုံ ၁ ပုံ ၃
| 레 뽕 띳 뽕 쿠
|
| ၂ ပုံ ၁ ပုံ ချောင်း
| 흐닛 뽕 띳 뽕 챠옹
|
|
|
| ၂ ဇွန်းအကြီး
| 흐닛 중어찌

12. 짜장면 **155**

7. ခေါက်ဆွဲ (ပဲခေါက်ဆဲ
   카웃스웨   (베카웃스웨

   လုပ်တဲ့အခါ သုံးတဲ့ ခေါက်ဆွဲ မျှင်)   ၂ ယောက်စာ
   로웃데어카   똥데   카웃스웨   면)   흐닛 야웃싸

8. ရေ   ၁ + ၂ ပုံ ၁ ပုံ ခွက်
   예   띳 빠웅 흐닛 뽕 띳 뽕 크왓

9. သကြား   ၃ ပုံ ၂ ပုံ ဇွန်းအသေး
   더자   똥 뽕 흐닛 뽕 중어떼

10. ဆီ (စားသုံးဆီ)   ၃ ပုံ ၁ ပုံ ခွက်
    씨   (싸똥씨)   똥 뽕 띳 뽕 크왓

11. ချောင်းဂျူ (အရက်)   ၁ ဇွန်းအသေး
    챠웅쥬   (어옛)   띳   중어떼

12. ရေတ်ကောင်း   အသင့်တင့်
    응아욧까웅   어띵띵

ချက်နည်း 쳇니

၁။ ချဉ်းဂျဉ်းဆော့စ်ကို ဆီနဲ့ လုံးပြီး ဆီကို ဖယ်ထုတ်ပါ။ အသီးအရွက်ကိုတော့
1.   춘장쏘웃고   시네 롱비 시고 페토웃바 / 어시어유웻고도

လေးတောင့်တုံး တုံးပြီး ကြက်သွန်မြိတ် အကြီးကတော့ ခပ်စောင်းစောင်း လှီးထားပါ။
  레따웅똥   똥비   쩻똥메잇   어찌가도   캇싸웅싸웅   흐리타바

၂။ ဒယ်အိုးထဲကို စားသုံးဆီကို နံ့ အောင် ထည့်ပြီး၊ အမဲသား၊ ချောင်းဂျူနဲ့၊
2.   데오테고   싸똥시고   흐낭아웅 테비 / 어메따 / 챠웅주네

ရေတ်ကောင်းကို ထည့်မွှေပေးပါ ။

응아욧까옹고   테ㅎ므웨뻬바

၃ ။ နံပါတ် ၂ ထဲကို အာလူးကို ထည့်ပြီး အတူ ကြော်ပါ ။

3.   낭바(넘버) ㅎ닛테고   아루고   테비   어뚜   쬬바

၄ ။ ဂေါ်ဖီထုပ် ၊ ရွှေဖရုံသီးအသေးနဲ့ ၊ ကြက်သွန်မြိတ် အကြီးကို ထည့်ပြီး အတူ

4.   고피토웃 /   슈웨퍼용디어떼네   쩻똥메잇   어찌고 테비 어뚜

ကြော်ပေးပါ ။

쪼뻬바

၅ ။ အသီးအရွက်က အနေတော်လေး ကျက်ခါနီးမှာ ချုန်းဂျန်းကို ထည့်ပြီး အတူ

5.   어띠어유윗가   어네도레   쩻카니ㅎ마   춘장고   테비 어뚜

ကြော်ကာ ရေထည့်ပြီး မီးအလောတော်လောက်မှာ ပါဝင်ပစ္စည်းတွေကို ကျက်အောင်

쪼가   예테비   미어로도라웃ㅎ마   빠윙뼛씨드웨고   쩻아웅

လုပ်ပေးပါ ။

로웃바

၆ ။ ကျုံးဂျန်းဇောစ် (ပဲခေါက်ဆွဲ သုံး ဆော့စ်)ကို လုပ်ပြီးသွားရင် အကြော်ခံမှုန့်.

6.   짜장쏘웃   (배가웃스웨   똥쏘웃) 고   로웃비드와잉   어쏘강ㅎ봉

ဖျော်ထားတဲ့ အရည်ကို ထည့်ပြီး အရည်အပျစ်အကျဲကို အတိုးအလျော့ လုပ်ပါ ။

표타데   어이고   테비   어이어뼛어쩨고   어또어쇼   로웃바

ပုစွန် ဟင်းချို
버중 힝죠

새우탕

ပါဝင် ပစ္စည်းတွေ (ဓါတ်သဘာဝ) 빠윙 뼧시드웨 (닷더바와)

1. **ပုစွန်** — ၂၀ ကောင်
   버중 — 흐너쩨 까웅

2. **ပင်လယ်ရေညို့ အသားပြုတ်ရည်** — ၃ ခွက်
   뼹레예흐니 어따뽀웃이 — 똥 크왓

3. **မုန်လာဥ** — တစ် တုံးရဲ့, ၄ ပုံ ၁ ပုံ တုံး
   몽라우 — 띳 똥예 레뽕띳뽕 똥

4. **ရေတ်သီး အစပ်** — ၁ တောင့်
   응아욧띠 어쌋 — 띳 따웅

5. **ရေတ်သီး အနီ** — ၂ ပုံ ၁ ပုံ ခု
   응아욧띠 어니 — 흐닛뽕 띳뽕 쿠

6. **ကြက်သွန်နီ** — ၃ ပုံ ၁ ပုံ ခု
   쩻똥니 — 똥 뽕 띳 뽕 쿠

7. **ကြက်သွန်မြိတ် အကြီး** — ၄ ပုံ ၁ ပုံ ခု
   쩻똥메잇 어니 — 레 뽕 띳 뽕 쿠

8. ဟင်းချို ချက်တဲ့ ငံပြာရည်　　၁ ဇွန်းအသေး
　 힝쵸　　켓데　　앙빠이　　　　 띳　중어떼

9. ရေတ်သီး မှုန့်.　　　　　　　၁ ဇွန်းအကြီး
　 응아욧띠흐몽　　　　　　　　　 띳　중어떼

10. ထောင်းထားတဲ့ ကြက်သွန်ဖြူ　၂ ပုံ ၁ ပုံ ဇွန်းအကြီး
　 타옹타데　　　　쩻똥퓨　　　　 흐닛 뽕 띳 뽕　중어떼

11. ရေတ်ကောင်း　　　　　　　　၃ ပုံ ၁ ပုံ ဇွန်းအသေး
　 응아욧까옹　　　　　　　　　　 똥 뽕 띳 뽕　중어떼

12. ဆား　　　　　　　　　　　　၂ ပုံ ၁ ပုံ ဇွန်းသေး
　 싸　　　　　　　　　　　　　　 흐닛 뽕 띳 뽕　중어떼

ချက်နည်း 쳇니

၁။ ပုဇွန်ကို ရေပိုက်ခေါင်း အောက်မှာ ၂ ကြိမ် ၃ ကြိမ် ခါ ဆေးပြီး ရေစင်အောင် လုပ်ပါ။
1. 버중고　예빠잇가옹　아웃흐마　흐너 쩨잉 똥 쩨잉 카 세비　예씽아옹　로웃바

မုန်လာဥကတော့ ခပ်ပါးပါး ကျယ်ကျယ်လေး လှီးထားပါ။ ကြက်သွန်နီကတော့ ခပ်ပါးပါး
몽라우가도　캅빠빠　쩨쩨레　흐리타바 /　쩻똥니가도　캅빠빠

မွှန်းပြီး ရေတ်သီးနဲ့. ကြက်သွန်မြိတ် အကြီးကိုတော့ စောင်းစောင်း ရှည်ရှည် မွှန်းထားပါ။
흐뭉비 응아욧띠네　쩻똥메잇　어찌고도　싸옹싸옹　쉬쉬　흐뭉타바

၂။ အိုးထဲကို အသားပြုတ်ရည်ကို ထည့်ပြီး ငံပြာရည်၊ ရေတ်သီးမှုန့်.၊
2. 오테고　어따뽀웃이고　테비　앙빠이 /　응아욧띠흐몽 /

အပြားကျယ်ကျယ် လှီးထားတဲ့ မုန်လာဥကို ထည့်ပြီး မီးပြင်းပြင်းနဲ့. တည်ထားပါ။
어빠쩨쩨　흐리타데　몽라우고　테비　미뼁뼁네　떼타바

3. ။ နံပါတ် ၂ က ပွက်ပွက် ဆူလာရင် ပုဇွန်၊ ထောင်းထားတဲ့ ကြက်သွန်ဖြူ၊ ငရုတ်သီး
3.   낭바(넘버) ㅎ닛가 쁘웻쁘웻 수라잉 버중 / 타웅타데 쩻뚱퓨 / 응아욧띠

အစပ်နဲ့ ကြက်သွန်နီကို ထည့်ပြီး တည်းထားပါ။
   어쌉네 쩻뚱니고 테비 떼타바

4. ။ မုန်လာဥက နူးလာပြီး ပုဇွန်က ကျက်လောက်အောင် တည်ပြီးရင် ကြက်သွန်မြိတ်
4.   몽라우가 누라비 버중가 쩻라웃아웅 떼삐잉 쩻뚱메잇

အကြီးကို ထည့်ပြီး လိုအပ်တဲ့ အပေါ့အငန်ကို ဆားနဲ့ အတိုးအလျှော့ လုပ်ပေးပါ။
   어찌고 테비 로앗데 어뽀어웅앙고 사네 어또어쇼 로웃뻬바

ပုစွန်ဟင်းရဲ့ ပုစွန်ကတော့ အကောင်ကြီးထက် အသေး ဒါမှမဟုတ်
버중힝예 버중가도 어까웅찌텟 어떼 다ㅎ마마호웃

အလယ်အလတ်လောက် အကောင် ထည့်မှ ဟင်းချိုရည်က သောက်လို့
어레어랏라웃 어까웅 테ㅎ마 힝쵸이가 따웃로

ကောင်းပါတယ်။
까웅바데

ခရုကမာ ကောင်ဟင်းချို
커유 까마까웅 힝죠

조개탕

 해석 p.210

ပါဝင် ပစ္စည်းတွေ (ဓာတ်သဘာဝ) 빠윙 뼷시드웨 (닷더바와)

1. ခရု(ကမာကောင်)   ၂ ခွက်
   커유(까마까웅)   흐낏 크왓

2. ရေ   ၂ ခွက်
   예   흐낏 크왓

3. ရှေတ်သီး   ၂ပုံ ၁ပုံ ခု
   응아욧띠   흐낏 뽕 띳 뽕 쿠

4. ရှေတ်သီး အစပ်   ၂ပုံ ၁ပုံ ခု
   응아욧띠   어쌋   흐낏 뽕 띳 뽕 쿠

5. ရှေတ်သီး အနီ   ၄ပုံ ၁ပုံ ခု
   응아욧띠   어니   레 뽕 띳 뽕 쿠

6. ကြက်သွန်မြိတ် အကြီး   ၅ပုံ ၁ပုံ ချောင်း
   쫫똥메읏   어찌   응아 뽕 띳 뽕 챠웅

14. 조개탕   **161**

7. ဟင်းစံ
후쌍

၅ ~ ၆ ချောင်း
웅아 ~ 챠웃 챠웅

8. ထောင်းထားတဲ့ ကြက်သွန်ဖြူ
타웅타데   쩻뚱퓨

၁ ဇွန်းအသေး
띳   중어떼

9. ဆား
싸

အသင့်တင့်
어띵띵

10. ရေတ်ကောင်း
웅아욧까웅

အသင့်တင့်
어띵띵

ပြုလုပ်နည်း   뾰로웃 니

၁ ။ ခရုကမာကို ပင်လယ်ရေတွေ ထွက်အောင် ရေစိမ်ထားပြီးတော့ သေသေချာချာ

1. 커유가마고   뻥레예드웨   트웻아웅   예쎄인타비도   떼떼차차

ဆေးပြီး ရေစင်အောင် လုပ်ပါ။ ကြက်သွန်မြိတ်ကတော့ ပါးပါး လှီးပြီး ရေတ်သီးနဲ့
세비 예씽아웅 로웃바 / 쩻뚱메잇가도   빠빠 ㅎ리비 웅아욧띠네

ကြက်သွန်မြိတ် အကြီးကတော့ ပါးပါးရှည်ရှည် လှီးပါ။
쩻뚱메잇   어찌가도   빠빠쉬쉬   ㅎ리바

၂ ။ အိုးထဲကို ခရုကမာကို ထည့်ပြီး ဆားနည်းနည်းနဲ့၊ ရေ တစ်ခွက်ကို ထည့်ပြီး ပြုတ်ပါ ။
2. 오테고   커유가마고   테비   사네네네   예   떠크왓고   테비   뽀웃바

၃ ။ ခရုကမာက ကျက်လာပြီး ပါးစပ် ဟလာတဲ့ အချိန်မှာ ကြက်သွန်မြိတ်၊ ရေတ်သီး
3. 커유가마가   쩻라비   빠쌋   하라데   어체잉ㅎ마   쩻뚱메잇 / 웅아욧띠

အစပ်နဲ့ ရေတ်သီး အနီကို အတူတူ ထည့်ပြီး ပြုတ်ပါ။
어쌋네　　 응아욧띠어니고　　 어뚜두　 테비　 뽀옷바

၄ ။ နောက်ဆုံးမှာ ဟူစံကို ထည့်ထားပြီး အချိန် အနည်းငယ် ထပ် တည်ထားပါ။
4.　 나옷쏭흐마　 후쌍고　 테타비　 어체잉　 어네응에　 탓　 떼타바

ခရုကတော့ ဆားရည်ထဲမှာ အသေအချာ ရေစိမ်ထားပြီးမှ ချက်ပါ။
커유가도　 사이테흐마　 어뻬어차　 예쎄인타비흐마　 쳇바

📷 **바간 뽀빠산**
뽀빠이가 사는 산(?)은 아니지만… 미얀마 정령 신앙의 고향으로 미얀마 사람들에게 정신적인 뽀빠이(?) 역할을 하는 산이에요~!

ပင်လယ် ကျောက်ပုစွန်
ထောပတ် အကင်
뻥레 짜옷버중 토밧 어낑

바닷가재(랍스터) 버터구이

해석 p.211

ပါဝင် ပစ္စည်းတွေ (ဓာတ်သဘာဝ)   빠윙 뼛시드웨 (닷더바와)

1. ပင်လယ် ကျောက်ပုစွန်   ၁ ကောင်
   뻥레   짜옷버중   띳   까옹

2. ထောပတ်   ၁ ဇွန်းကြီး
   토밧   띳 중찌

3. ထောင်းထားတဲ့ ကြက်သွန်ဖြူ   ၂ ပုံ ၁ ပုံ ဇွန်းကြီး
   타웅타데   쩻똥퓨   흐닛 뽕 띳 뽕 중찌

4. Parseley အမှုန့်.   ၂ ပုံ ၁ ပုံ ဇွန်းကြီး
   파슬리   어흐몽   흐닛 뽕 띳 뽕 중찌

ချက်နည်း   쳇니

၁ ။ ပုံမှန် အပူချိန်လောက်မှာ ရှိတဲ့ နူးညံ့တဲ့ထောပတ်ထဲကို ကြက်သွန်ဖြူ
1. 뽕흐망   어뿌체잉라옷흐마   시데   누냥데토밧테고   쩻똥퓨

ထောင်းထားတာကို ရောပြီး ကြက်သွန်ဖြူ၊ ထောပတ်ဆော့စ်ကို လုပ်ပါ ။
타웅타다고   요비   쩻똥퓨   토밧쏘옷고   로옷바

၂ ။ ကျောက်ပုစွန်ရဲ့ အမြီးပိုင်းကနေ အသားကို အုပ်ထားတဲ့ အခွံမာကို ကတ်ကြေးနဲ့
2.   짜옷버중예   어미바잉가네   어따고   오옷타데   어쿵마고   깟쩨네

ဖြတ်ပြီးတဲ့နောက် ၊ အသားပဲ ထုတ်ပြီး သေးသေး လိုးပြီး အခွံထဲကို ပြန်ထည့်ပါ ။
피엣뻬데나옷   /   어따뻬   토옷뻬   떼떼   흐리비 어쿵테고   뻬앙테바

၃ ။ အဲဒီ အပေါ် ကို ထောပတ်ဆော့စ်ကို အနံ့ ဖြူးထည့်ပြီး သံပြားပဲဖြစ်ဖြစ် အိုပန်းထဲ
3.   에디 어뽀고   토밧쏘옷고   어흐낭 퓨테비   땅빠베핏핏   오방(오븐)테

ထည့်ပြီး ဂါလာအောင် ကင်ပါ ။ အဲဒီနောက် ဖရိုက်ပန်ထဲ ထည့်ပြီး အဖုံးကို ဖုံးထားပြီး
테비   와라아웅   낑바 /   에디나옷   퍼라잇빵테   테비   어퐁고   퐁타비

ခဏလောက် ကျက်အောင် လုပ်ပါ ။
커나라옷   쩻아웅   로옷바

၄ ။ ပန်းကန်းပြားထဲ အဲဒီ ကျောက်ပုစွန် အကင်ကို ထည့်ပြီး Parseley အမှုန့်ကို ဖြူးပြီး
4.   버강빠테   데이 짜옷버중   어낑고   테비   파슬리   어흐몽고   퓨비

စားလို့ ရကယ်
씨로   야데

15. 바닷가재(랍스터) 버터구이 **165**

ပင်လယ် ကျောက်ပုစွန် အပြုတ်
뼁레 짜웃버중 어뾰웃

바닷가재 삶기

 해석 p.213

ပါဝင် ပစ္စည်းတွေ (ဓာတ်သဘာဝ)   빠윙 뺏시드웨 (닷더바와)

1. ပင်လယ် ကျောက်ပုစွန်
   뼁레   짜웃버중

2. ထောပတ်
   토밧

3. ထောင်းထားတဲ့ ကြက်သွန်ဖြူ
   타웅타데   쩻뚱퓨

၁ ကောင်
띠 까웅

၁ ဇွန်းကြီး
띠 중찌

၂ ပုံ ၁ ပုံ ဇွန်းကြီး
ㅎ닛 뽕 띠 뽕 중찌

ချက်နည်း   쳇니

၁ ‖ အိုးထဲကို ရေ ၂ ပုံ ၁ ပုံ ~ ၃ ပုံ ၁ ပုံ လောက် ဖြည့်ပြီး ထည့်ပါ ‖
1.   오테고   예 ㅎ녀뽕 띳 뽕 ~ 똥 뽕 띳 뽕   라옷   피이비   테바

၂ ‖ ရေကို ပွက်ပွက် ဆူအောင် လုပ်ပြီးတော့ ကျောက်ပုစွန်ကို တစ်ပြိုင်တည်း ထည့်ပြီး
2.   예고   쁘웻쁘웻   수아웅   로옷비도   짜옷버중고   더빠잉떼   테비

ပြုတ်ပါ ‖
뽀옷바

၃ ‖ ပုစွန် အမွေးကို ဆွဲလိုက်လို့ လွယ်လွယ် ကျွတ်သွားတာပဲဖြစ်ဖြစ် ကျောက်ပုစွန် အခွံ
3.   버중   어므웨고   스웨라잇로   르웨르웨   쭛뜨와다베핏핏   짜옷버중   어쿵

ရောင်က အနီရောင်ရဲ့လာရင် ကျက်သွားတဲ့ အနေအထားပါ ‖
야웅가   어니야웅예라잉   쩻뜨와데   어네어타바

၄ ‖ ခါးတေး ဆော့စ် (အရည် ပျော်နေတဲ့ ထောပတ်)ကို တို့စားတာပဲဖြစ်ဖြစ် ရှောက်သီး
4.   카뻬(각테일) 쏘옷 (어이   뾰네데   토밧)고   또싸다베핏핏   샤옷띠

အရည်နဲ့ စားရင်လည်း အရသာ ရှိပါတယ် ‖
어이네   싸잉래   어야나   시바데

ပင်လယ် ကျောက်ပုစွန် အပေါင်း
뻥레 짜웃버중 어빠웅

바닷가재찜

 해석 p.214

ပါဝင် ပစ္စည်းတွေ (ဓာတ်သဘာဝ) 빠윙 뻣시드웨 (닷더바와)

1. ပင်လယ် ကျောက်ပုစွန်   ၁ ကောင်
   뻥레   짜웃버중   띳 까웅

2. ထောပတ်   ၁ ဇွန်းကြီး
   토밧   띳 중찌

3. ထောင်းထားတဲ့ ကြက်သွန်ဖြူ   ၂ ပုံ ၁ ပုံ ဇွန်းကြီး
   타웅타데   쩻뚱퓨   ㅎ닛 뽕 띳 뽕 중찌

4. ဆား   ၂ ဇွန်းကြီး
   싸   ㅎ닛 중찌

ချက်နည်း 쳇니

၁ ။ ဆားရည် (ဇွန်းကြီး ၂ ဇွန်း)နဲ့ အိုးကို ၅ စင်တီမီတာ လောက် ဖြည့်ပါ ။
1.   사이 (중찌 흐녀 중)네 오고 응아 쎈티미타 라옷 피이바

၂ ။ ရေကို ပွက်ပွက် ဆူအောင် တည်ပြီးတော့ ရှင်နေတဲ့ ကျောက်ပုစွန်ကို ခေါင်းကနေ
2. 예고 쁘웻쁘웻 수아옹 떼비도 싱네데 짜옷 버중고 가옹가네

တစ်ခါတည်း ထည့်ပြီး ခန့်မှန်းခြေ ၁၆ ~ ၁၈ မိနစ်လောက် ပေါင်းအိုး(အငွေ့)နဲ့
떳카떼 테비 칸ㅎ망채 떠세챠옷 ~ 떠쎄싯 미닛라옷 빠옹오(어옹웨)네

ပေါင်းပါ။
빠옹바

၃ ။ ကျောက်ပုစွန်က အနီရောင်ရဲ့လာရင်ပဲဖြစ်ဖြစ် အမွှေးကို ဆွဲလိုက်လို့ လွယ်လွယ်
3.   짜옷버중가   어니야옹예라잉베핏핏   어므웨고 스웨라잇로 르웨르웨

ကျွတ်ရင် အိုးထဲက ဆွဲထုတ်ပြီး ခါတေး ဆော့စ်နဲ့ တို့စားပါ။
쭛잉 오테가 스웨토옷비 카떼(각테일) 쏘옷네 또싸바

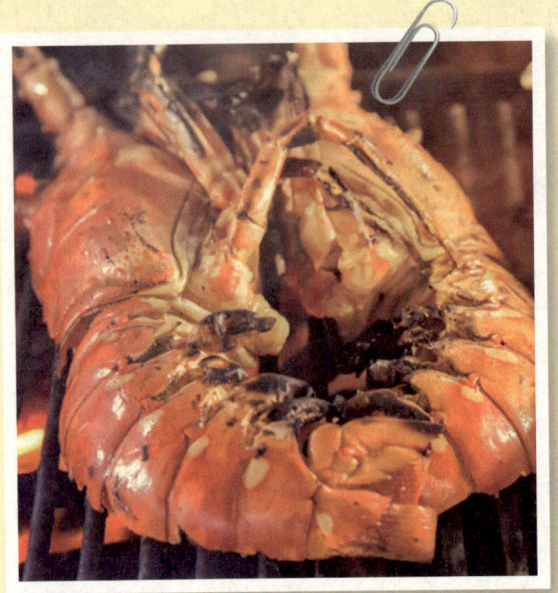

ပင်လယ် ကျောက်ပုစွန် အကင်
뼹레 짜욷버중 어낑

바닷가재구이

 해석 p.215

ပါဝင် ပစ္စည်းတွေ (ဓာတ်သဘာဝ)   빠윙 뻿시드웨 (닷더바와)

1. ပင်လယ် ကျောက်ပုစွန်
   뼹레   짜욷버중

2. ထောပတ်
   토밧

3. ထောင်းထားတဲ့ ကြက်သွန်ဖြူ
   타웅타데   쩻똥퓨

၁ ကောင်
띳 까웅

၁ ဇွန်းကြီး
띳 중찌

၂ပုံ ၁ ပုံ ဇွန်းကြီး
흐닛 뽕 띳 뽕 중찌

ချက်နည်း   쳇니

၁။ ကျောက်ပုစွန်ကို လှန်ထားပြီး ပိုက်ကို အပေါ် ဘက်ကို ထားပြီး ဒေါင်လိုက် ခြမ်းပါ။

1. 짜욷버중고   흐랑타비   바잇고   어뽀벳고   타비   다웅라잇   찬바

၂ ။ အတွင်း ကလီဇာကို ထုတ်လိုက်ပါ ။

2. 어뜨웡   꺼리자고   토웃라잇바

၃ ။ ပြင်ထားတဲ့ သံပြားပေါ်မှာ အသားပိုင်းကို အပေါ် ဘက်မှာ ထားပြီး ကျောက်ပုစွန်ကို

3. 뼁타데   땅뺘뽀ㅎ마   어파빠잉고   어뽀 벳ㅎ마   타비   짜웃버중고

တင်ထားပြီး ပျော်နေတဲ့ ထောပတ်ဆော့စ်ကို ကိုယ်ကောင်ပေါ်မှာ သုတ်လိမ်းပါ ။

띵타비   뾰네데   토밧쏘웃고   꼬까웅보ㅎ마   또웃레인바

၄ ။ ရေတ်ကောင်းနဲ့ ဆားကို နည်းနည်း ဖြူးပြီးတော့ ထောပတ် ပေါင်မုန့် အမှုန့်ကို

4. 응아옷까웅네   사고   네네   퓨비도   토밧   빠웅몽   어ㅎ몽고

ဖြူးပေးရင် ပိုကောင်းတယ် ။

퓨뻬잉   뽀까웅데

၅ ။ မီးနဲ့ ၁၀ စင်တီမီတာ လောက် အကွာအဝေး ခွာပြီး ခန့်မှန်းခြေ ၁၀ ~ ၁၅ မိနစ်

5. 미네 떼쎄   쎈티미타   라웃   어꼬와어웨   크와비   칸ㅎ만제 뗏쎄 ~ 떼쎄응아 미닛

အတောအတွင်းမှာ အညို့ရောင် သန်းတဲ့အထိ ကင်ပါ ။

어또어뜨웡ㅎ마   어뇨아웅   땅데어티   낑바

၆ ။ ပျော်နေတဲ့ ထောပတ်နဲ့ ရှောက်သီးပဲဖြစ်ဖြစ် ခါတေးဆော့စ်ကို တို့စားရင်

6. 뽀네데   토밧네   샤웃띠베핏핏   카페(각테일)쏘웃고   또싸잉

ကောင်းတယ် ။

까웅데

ပင်လယ် ကျောက်ပုစွန် ချက်ဖို့ အချိန် ဇယား

뻥레 짜웃버중 쳇포 어체잉 자야

바닷가재 요리시간

🔍 해석 p.216

အလေးချိန် (အရွယ်အစား) 어레체잉 (어유웨어싸)	ပြုတ်ရမယ့် အချိန် 뽀웃야메 어체잉	ပေါင်းရမယ့် အချိန် 빠옹야메 어체잉	၁ ကောင် ထပ်တိုးတိုင်း တိုးရမယ့် အချိန် 더 가옹 탓또다잉 또야메 어체잉
၅၀၀ ဂရမ် ဝန်းကျင် 응아야 그람 웡징	၁၀ မိနစ် 떠쩨 미닛	၁၃ မိနစ် 떠쩨똥 미닛	၃ မိနစ်စီ တိုးပါ 똥 미닛씨 또바
၁ ကီလိုဂရမ် ဝန်းကျင် 떠 키로 그람 웡징	၁၃ မိနစ် 떠쩨똥 미닛	၁၆ မိနစ် 떠쩨차웃 미닛	၆ မိနစ်စီ တိုးပါ 차웃 미닛씨 또바
၁.၅ ကီလိုဂရမ် ဝန်းကျင် 띳닷떠마웅아키로그람웡징	၁၆ မိနစ် 떠쩨 차웃 미닛	၁၉ မိနစ် 떠쩨차웃 미닛	၉ မိနစ်စီ တိုးပါ 꼬 미닛씨 또바
၂ ကီလိုဂရမ် ဝန်းကျင် 흐너 키로 그람 웡징	၁၉ မိနစ် 떠쩨차웃 미닛	၂၂ မိနစ် 흐너쩨흐닛 미닛	၁၂ မိနစ်စီ တိုးပါ 떠쩨흐닛 미닛씨 또바

သတိ ပြုရန် အချက် 더디 퓨잉 어쳇

၁ ။ တကယ်လို့ ၁ kg ၃ ကောင်ကို ပြုတ်ရင် အစက ၁ ကောင် ပြုတ်ချိန် ၁၃
1.   더게고   떠 키로그람 똥   까웅고   뾰웃잉   어싸가 떠   까웅   뾰웃체잉 떳쎄똥

မိနစ်ပေါ်မှာ အပေါ်က ဇယားပေါ် အခြေခံပြီး ၁ ကောင် တိုးလာတိုင်း ၆ မိနစ်စီ
미눗뽀ㅎ마   어뽀가   자야뽀   어체캉비 떠   까웅   또라다잉   쟈웃 미눗

တို့ရတာဖြစ်လို့ ၁၃ မိနစ် + ၆ မိနစ် *(အမြှောက်) ၂ ကောင် =(ညီမျှခြင်း) စုစုပေါင်း
또야다핏로   떼쎄똥 미눗 어빠웅 쟈웃 미눗 * (어ㅎ맛) ㅎ너   까웅 = (니묘친) 수수바웅

ပြုတ်ချိန် ၂၅ မိနစ်ပါ ။
뾰웃체잉 ㅎ너쎄 웅아 미눗바

၂ ။ ဆိုဒ် မတူတဲ့ အကောင် မျိုးစုံကို အတူ ပြုတ်တဲ့အခါ အကြီးဆုံး ဆိုဒ်ကို
2.   싸잇(싸이즈) 머두데 어까웅   묘쏭고 어두   뾰웃데어카   어찌쏭   싸잇고

စံသတ်မှတ်ရပါတယ် ။
쌍떳ㅎ맛야바데

၃ ။ အတတ်နိုင်ဆုံး ဆိုဒ် တူတဲ့ကောင်ချင်းပဲ ချက်ပြီး အကျက်လွန်တာပဲဖြစ်ဖြစ်
3.   어떳ㅣ+잉쏭   싸잇   뚜데까웅칭베   쳇비   어쩻르왕다베핏핏

အကျက်လိုတာပဲဖြစ်ဖြစ်(မကျက်တာပဲဖြစ်ဖြစ်) မဖြစ်အောင် သတိပြုပါ ။
어쩻로다베핏핏   (머쩻다베핏핏)   머핏아웅   더디뿌바

chapter 03
စကားစမြည်
이야기 거리(생활 밀착형 미얀마어)

만달레이 궁

 이야기 거리(생활 밀착형 미얀마어)

မိတ်ဆက်ခြင်း
메잇쎗칭

소개하기

 해석 p.218

မင်္ဂလာပါ။ ကျွန်တော်တို့ XXXXX Company ရုံးချုပ်က လာတဲ့ ကို XXX ပါ။ အခု လာရခြင်းအကြောင်းရင်းက ကျွန်တော်တို့ XXXXX Company ကုန်ပစ္စည်းများကို ရောင်းချပေးနေတဲ့ အစ်ကို၊ အစ်မ၊ ဦးလေး၊ အန်တီတို့ရဲ့ ဖောက်သည်စာရင်းကို စနစ်တကျပြုလုပ်လိုတဲ့အတွက် ဖြစ်ပါတယ်။

ကျွန်တော်တို့ အတွက် အခုမှ စတင်ပြုလုပ်တဲ့ ဖောက်သည် စာရင်း ဖြစ်ပါတယ်။ အချိန်အနည်းငယ် ပေးပြီး မေးခွန်းများအနည်းငယ် မေးမြန်းခွင့်ပြုပါ။

ဒီ အကြောင်းအရာတွေရရင် ကျွန်တော့် အစ်ကို၊ အစ်မ၊ ဦးလေး၊ အန်တီတို့ကို ပိုမိုပြီး ထိထိရောက်ရောက် လိုအပ်တာတွေ ဖြည့်ဆည်းပေးနိုင်ဖို့ ဖြစ်ပါတယ်။ ဒီအချက်အလက်တွေ အားလုံးကို ကျွန်တော်တို့ လျှို့ဝှက်ထားမှာ ဖြစ်ပါတယ်။

**** ပြီးပါပြီ ခင်များ
ကျွန်တော်တို့ သိလိုတာတွေလဲ တော်တော် စုံလင်သွားပါပြီ။ အခုလို အချိန်ပေးပြီး ကူညီပေးတဲ့အတွက် ကျေးဇူးတင်ပါတယ်။ ခင်များ
နောက်ထပ် လိုအပ်တာ ရှိရင်လည်း ကူညီပေးပါဦး။ ကျေးဇူးတင်ပါတယ်။

 **이야기 거리(생활 밀착형 미얀마어)**

ဆိုရိုးစကားနဲ့ စကားပုံ
소요사가네 사가봉

관용어와 속담

 해석 p.219

ဒီ ဆောင်းပါးကတော့ မြန်မာမှာ အသုံးပြုနေတဲ့ စကားပုံ၊ ဆိုရိုးစကား အမျိုးမျိုးတွေကို လေ့လာမယ့် ဆောင်းပါး ဖြစ်ပါတယ် ။

1.   ကိုင်းကျွန်းမှီ ၊ ကျွန်းကိုင်းမှီ ။

   까웅쫑미   쫑까잉미

   – 나무가 섬을 기대고 섬은 나무를 기댄다

မြစ်မှာ ရှိတဲ့ သေးငယ်တဲ့ ကျွန်းကတော့ သစ်ပင် မရှိရင် ရေတိုက်စားခံရပေမယ့် သစ်ပင် ရှိရင် ရေတိုက်စားမခံရဘူး ။ သစ်ပင်ကတော့ အမြစ်တည်ဖို့ ကျွန်း မရှိရင် မြစ်ရေ တိုက်လို့ ပြိုလဲသွားမယ် ။ ဒီလို အတူတူ အချင်းချင်း ကျေးဇူးပြုကြပုံ သဘောများကိုလည်း ဟယ်အရာမှာဆို တွေးဇာတာ ဆင်ခြင်တတ်ရမယ် ။

2.   ကိုယ့်ကို ကိုယ်ဖော် မသူတော် ခုနစ်ပါး ။

   꼬꼬   꼬포   버뚜도   쿠닛바

   – 자신을 드러내는 못난 사람 7명

တောက်တဲ့ ၊ ဇီးကွက် ၊ ရွှေပြည်စိုး ၊ ယောက်ဖခွေးခေါ် ၊ ဉဩ ၊ တစ်တီတူး ၊ ဘုတ် ဟူသော တိရစ္ဆာန်

ခုနစ်ကောင်သည် မိမိအမည်ကို ထုတ်ဖော်သဖြင့်
မသူတော်စာရင်းဝင်များ ဖြစ်ကြသကဲ့သို့ မိမိ ဂုဏ်ကို
မိမိကိုယ်တိုင် ဖွင့်ဟကြွားဝါသူသည်လည်း မသူတော်စာရင်းဝင်ပင် ဖြစ်သည် ။
မြန်မာ လူမျိုးကတော့ မိမိကိုယ့်ကိုယ်ကို ရှေ့တန်းတင်တဲ့ လူတွေကို မုန်းတယ် ။
စာရေးသူ အထင်ကတော့ စကားပုံ အမျိုးမျိုးရဲ့
သက်ရောက်မှုလည်း ရှိတယ်လို့ ထင်တယ်။

3. **ကတွတ်ပေါက် ချိုင်းစောင့် ။**
　　　거드왯바웃　　　차잉싸웅
　　　- 논구멍에서 기다리는 새

ချိုင်းသည် ကတွတ်ပေါက်မှ ထွက်လာမည့် ငါးကို
ဖမ်းရန် စောင့်မျှော်နေသကဲ့သို့ အခွင့်အလမ်း
တစ်စုံတစ်ရာကို မျှော်လင့်ခြင်းကြီးစွာဖြင့် စောင့်ကြည့်နေသည် ။
ကိုရီးယားမှာ ၊ တရုတ်တည်သီးပင် အောက်မှာ
တရုတ်တည်သီး ကျတာ စောင့်တယ် ၊ နဲ့ ဆင်တူတယ် ။

4. **က ချင်လျက် လက်ကျိုး ။**
　　　까칭리엣　　　렛쬬
　　　- 춤 추려는데 손이 부러짐

က ချင်သူသည် ကရခါနီးမှ လက်ကျိုးသဖြင့် မကလိုက်ရ
ဖြစ်သကဲ့ မိမိအစွမ်းအစကို ပြမည်ဟု အားခဲထားသူသည်
အစွမ်းအစကို ပြရခါနီးမှ အကြောင်း မညီညွတ်သောကြောင့် မပြလိုက်ရ
ဖြစ်သည် ။

5. **ကောက်ညှင်းက မစေး၊ ဆန်ကြမ်းက စေး။**

    까웃닝가   머쎄,   산짱가   쎄

    – 찹쌀이 찰지지 않고 볍쌀이 찰지다

စေးသင့်သော ကောက်ညှင်းက မစေးဘဲ၊
မစေးသင့်သော ဆန်ကြမ်းက စေးနေသကဲ့သို့
နှစ်ဦးနှစ်ဖက်ရှိရာတွင် သဘာဝ အလျောက် ရှက်ရ
နာရမည့်ဘက်က ဘာမှမဖြစ်ဘဲ မရှက်မနာရမည့်ဘက်က အဖြစ်သည်းသည် ။

6. **ကိုယ်ထင် ခုတင်ရွှေနန်း။**

    꼬팅 거딩   슈에낭

    – 스스로 침대를 금으로 된 왕궁처럼 생각한다

မြတ်နိုးလျှင် မိမိ အသုံးပြုသော ခုတင်ကိုပင်
ရွှေနန်းတော်ဟု ထင်မှတ်သကဲ့သို့ မိမိ မြတ်နိုးသောအရာ
ဖြစ်လျှင် တန်ဖိုးမရှိစေကာမူ
အလွန်တန်ဖိုးရှိသောအရာဟု စိတ်တွင် ထင်မှတ်သည် ။

7. **ကိုယ့်မျက်ချေး ကိုယ်မမြင်၊ သူများမျက်ချေး ကိုယ်မြင်။**

    꼬미옛키   꼬머밍,   두먀미옛치   꼬밍

    – 자신의 눈곱은 못 보고 남의 눈곱은 보인다

မိမိ မျက်ချေးကိုမှု မမြင်ဘဲ အခြားပုဂ္ဂိုလ်၏
မျက်ချေးကိုမှု မြင်တတ်သကဲ့သို့ မိမိအပြစ်ကို မမြင်ဘဲ
အခြားပုဂ္ဂိုလ်၏ အပြစ်ကိုမှု မြင်တတ်သည် ။
ံဘယ်နိုင်ငံမှာပဲဖြစ်ဖြစ် မိမိကိုယ့်ကိုယ်ရဲ့ လွဲချော်မှုကို
ပိုပြီး ဂရုစိုက်ရမယ်လို့ ပြောတဲ့ စကားပုံတွေ ရှိတယ် ထင်တယ် ။

တရုတ်ပြည်မှာ 目不見睫(mu bu jian jie)
(မိမိရဲ့ မျက်ခုံးကို မကြည့်နိုင်ဘူး)လို့ ခေါ်တဲ့ စကားပုံ ရှိတယ်။
ကိုရီးယားမှာ ချေးပေတဲ့ခွေးကစပါးခွံပေတဲ့ ခွေးကို
ဆုံးမတယ်လို့ ခေါ်တဲ့ စကားပုံနဲ့ဆင်တူပါတယ်။

8. ခရမ်းသီးပိန် ဓားတုံး။

커양디 삐인   다똥

− 마른 가지에 무딘 칼

ခရမ်းသီးပိန်ကို ဓားတုံးတုံးဖြင့် လှီးလျှင် အလွယ်တကူ
မပြတ်သကဲ့သို့ ပစ္စည်းဂုဏ်သိန် အရှိန်အဝါ
ညှိုးမှိန်နေသောအခါ၌ အရာရာကို ဆောင်ရွက်၍ အလွယ်တကူ မအောင်မြင်နိုင်။

9. ခဲလေသမျှ သဲထဲရေကျ။

케레더먀   떼예짜

− 힘들게 한 모든 것이 모래에 물이 차는 것처럼 되다

သဲထဲကျသော ရေသည် အချည်းနှီး ဖြစ်သကဲ့သို့
အားခဲမျှော်မှန်းထားသမျှသည် အကျိုးမရှိ အချည်းနှီး ဖြစ်ရသည်။

10. ဇီးကွက်လောက်တော့ ငှက်တိုင်းလှ။

지그웻라웃도   흥엣다잉흘라

− 올빼미만큼 모든 새가 예쁘다

ဇီးကွက်၏ အလှမျှလောက်ကား ငှက်တိုင်းတွင် ရှိသည်
ဖြစ်သကဲ့သို့ သာမန်မျှလောက်သော အရည်အချင်းမျိုးကား
လူတိုင်း၌ ရှိသည်ချည်း ဖြစ်သည်။

11. ပဒိုင်းသီးလို ဆုပ်စူးစားရူး ။

버다잉띠로   소웃쑤 싸유

- 가시열매라서 쥐어도 쑤시고, 먹어도 미친다

ပဒိုင်းသီးကို လက်ဖြင့် ဆုပ်ကိုင်လျှင် စူး၍ စားလျှင်
ရူးသကဲ့သို့အကျပ်အတည်းမှ
လွတ်မြောက်ရန် နည်းလမ်းရှာကြည့်သော်လည်း
မည်သည့် နည်းလမ်းကမှ မသက်သာသည့် အခြေအနေ ဖြစ်နေရသည် ။

12. အညီရှိ ယင်အုံ ။

어ㅎ니쉬   잉옹

- 비린 게 있으니 파리가 몰린다

အညီနံ့ရှိရာ ယင်အုံသကဲ့သို့ အပျို့ရှိရာ လူပျို့လာတတ်သည် ။

13. စားရမှာလည်း သဲနှင့်ရှုပ်ရှုပ် ၊ ပစ်ရမှာလည်း အဆီနှင့်ဝင်းဝင်း ။

싸야마레   떼ㅎ닝 슈숫,   뼛야마레   어시ㅎ닝 윙윙

- 먹자니 모래가 섞여있고, 버리자니 기름기가 있고

သဲအလူးလူး ဖြစ်နေသော အသားတုံးကို
စွန့်ပစ်ရန်လည်းအခက် ၊ စားသုံးရန်လည်းအခက်
ဖြစ်နေသကဲ့သို့ အပြစ်အနာအဆာရှိသော
နှစ်သက်မက်မောဖွယ် အရာတစ်ခုကို
ငြင်းပယ်ရန်လည်းအခက် ၊ လက်ခံရန်လည်းအခက် ဖြစ်နေသည် ။

ကိုရီးယားမှာ ၊ ပစ်ရမှာလည်း မကြိုက်ပေမယ့်
သူများကို ပေးရမှာလည်း နမြောစရာကောင်းတယ် ၊ လို့
ခေါ်တဲ့ စကားပုံနဲ့ ဆင်တူပါတယ် ။

이야기 거리(생활 밀착형 미얀마어)

သတင်စ : အသက်ပါ နတ်ယူနေသော သေမင်း အပူဒဏ်

더딩사 : 어땟바 농유네도 떼밍 어뿌당

뉴스: 목숨을 뺏고 있는 죽음의 화신, 더위

해석 p.223

အပူချိန် ၄၂ ဒီဂရီ စင်တီဂရိတ်အောက်တွင် ဦးမျိုးချစ်တစ်ယောက် ချွေးတဒီးဒီး ကျနေသော်လည်း ဝမ်းရေးအတွက် ဆိုက်ကားကို အားတင်းနှင်း နေရသည်။ သို့သော် သူတော့ခံမနိုင်တော့။

ထိုအပူချိန်အောက်တွင် ချွေးထွက်လွန်ပြီး မူးလဲရာမှ မန္တလေးဆေးရုံကြီးသို့ ရောက်ခဲ့ရသည်။

အသက် ၅၄ နှစ်အရွယ် ရှိပြီဖြစ်သော ဦးမျိုးချစ်ကို မန္တလေးပြည်သူ့ဆေးရုံကြီး အရေးပေါ် လူနာဌာနသို့ မိတ်ဆွေ အပေါင်းအသင်းများက လိုက်လံ ပို့ဆောင်ပေးခဲ့ကြခြင်းဖြစ်သည်။

ဆေးရုံသို့ ရောက်ချိန် ၁၀၄ ဒီဂရီ စင်တီဂရိတ်အထိ ကိုယ်အပူချိန် ရှိနေသော ဦးမျိုးချစ်ကို အပူချိန် ကျသွားစေရန် ရေခဲရေများ ထပ်ကာထပ်ကာ လောင်းချိုးပေးခဲ့ရသည်။

မန္တလေး ပြည်သူ့ဆေးရုံကြီးသို့ အပူလျပ်(Heat Stroke)ဖြင့် ရောက်ရှိလာသော လူနာများကို ကိုယ်အပူချိန်အလိုက် ရေခဲရေ စိမ်ထားသည့် အဝတ်များဖြင့် ပတ်ပေးခြင်း၊ဆေးပုလင်း ချိတ်ကာ ဆေးသွင်းပေးခြင်း၊ရေခဲရေများ လောင်းချိုးပေးခြင်း၊ ရေခဲစိမ်ထားသည့် ဇလုံထဲသို့ ခေတ္တမျှနေစေခြင်းများ ပြုလုပ်ပေးလျက် ရှိသည်။

"နေပူထဲ ထွက်ရင် အပူလျပ်မယ့်လို့ ကြေသာထား ပေမယ့်လည်း ဝမ်းစာ အတွက် မလုပ်မဖြစ် လုပ်ရတာပါပဲ၊ ဖြစ်မှ ဖြစ်ရော့ပဲ ဒီလိုမှ မလုပ်ရင်လည်း ဘာနဲ့စားကြမလဲ"ဟု

ဦးမျိုးချစ်က မျက်လွှာကို အောက်ချကာ ဝမ်းနည်းသည့် အသံဖြင့် ပြော ဆိုသည်။

ဧပြီလ ၂၁ရက်နေ့မှစ၍ မန္တလေးမြို့ အပူချိန်သည် ၄၂ဒသမ ၂ဒီဂရီ စင်တီဂရိတ်သို့ ရောက်ရှိလာသည့်အတွက် နေပူထဲတွင် လုပ်ကိုင်စားသောက်သည့် နေ့စားဝန်ထမ်းများ ၊ အသက်ကြီး ရွယ်အိုများ၊အရက်သောက်သူ အများစုသည် အပူဒဏ်ကြောင့် အပူလျှပ် ဝေဒနာ (Heat Stroke)ဖြစ်ပွားပြီး မန္တလေးပြည်သူ့ ဆေးရုံကြီးသို့၊ ယင်းနေ့မှ စတင်ကာ ညနေ ၆ နာရီ ၃ဝမိနစ် အချိန်နောက်ပိုင်းတွင် ရောက်ရှိလာတတ်ကြသည်။ မန္တလေးတိုင်းဒေသကြီးတွင် နေ့အပူချိန်မှာ တဖြည်းဖြည်းတိုးလာပြီး အပူဒဏ်ကြောင့် ချွေးထွက် လွန်ကာ ခန္ဓာကိုယ် အတွင်းရှိ ရေနှင့် ဓာတ်ဆားဆုံးရှုံး များပြားခြင်းကြောင့် မိတ်နှင့်ယားယံဖုများထွက်ခြင်း၊ ပင်ပန်းနွမ်းနယ်ခြင်း၊မူးမော့ခြင်း၊ ကြွက်တက်ခြင်း၊ချွေးခြောက်ပြီး ကိုယ်အပူချိန် တက်ခြင်း၊ သတိလစ်ခြင်းတို့၊ အပြင် အသက်အန္တရာယ် အခြေအနေ စိုးရိမ်ဖွယ်အထိ ဖြစ်နိုင်ကြောင်း မန္တလေး ပြည်သူ့ ဆေးရုံကြီးမှ အထွေထွေရောဂါကု ဆရာဝန်တစ်ဦးက ပြောကြားသည်။

📷 따웅지 버거 하우스

따웅지에도 버거 집이 있는데! 맞은...?

လက္ခဏာနှင့် လူသားတို့ ကံကြမ္မာ လက်ပုံစံများ
렛커나ᄒ닝 루따도 깡짠마 렛뽕상 먀

손금과 사람들, 운명과 손 모양

해석 p.227

A) ဂြိုဟ်ခုံနှင့် အမည်များ 쬬웃콩ᄒ닝 어미먀 – 별자리와 이름들

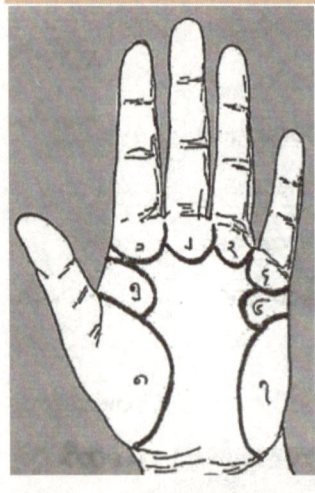

၁။ ကြာသပတေးဂြိုဟ်ခုံ　　　　1. 짜다바데쬬웃콩
၂။ စနေဂြိုဟ်ခုံ　　　　　　　2. 싸네쬬웃콩
၃။ တနင်္ဂနွေဂြိုဟ်ခုံ　　　　　3. 더딩가느웨쬬웃콩
၄။ ဗုဒ္ဓဟူးဂြိုဟ်ခုံ　　　　　　4. 부더후쬬웃콩
၅။ အင်္ဂါဂြိုဟ်ခုံ(အဖို)　　　　 5. 잉가쬬웃콩(어포)
၆။ အင်္ဂါဂြိုဟ်ခုံ(အမ)　　　　6. 잉가쬬웃콩(어마)
၇။ တနလ်ၤာဂြိုဟ်ခုံ　　　　　 7. 더딩가쬬웃콩
၈။ သောကြာဂြိုဟ်ခုံ　　　　　8. 따웃짜쬬웃콩

B) လမ်းကြောင်းနှင့်အမည်များ 란짜웅ᄒ닝어미먀 – 손금과 이름들

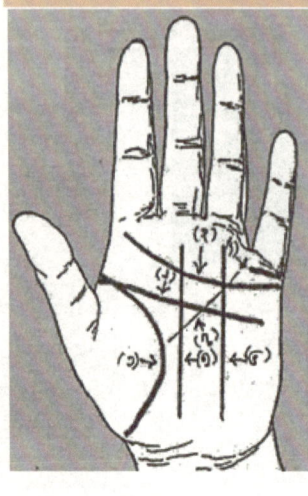

၁။ အသက်လမ်းကြောင်း　　　　1. 어뗏란자웅
၂။ ဦးခေါင်းလမ်းကြောင်း　　　　2. 우카웅란자웅
၃။ နလုံးလမ်းကြောင်း　　　　　3. ᄒ너롱란자웅
၄။ အိမ်ထောင်ရေးလမ်းကြောင်း　　4. 에잉타웅예란자웅
၅။ ကံကြမ္မာလမ်းကြောင်း　　　　5. 깡짠마란자웅
၆။ အောင်မြင်ရေးလမ်းကြောင်း　　6. 아웅밍예란자웅
၇။ ကျန်းမာရေးလမ်းကြောင်း　　　7. 짠마예란자웅

C) လက်ပုံစံ ၁   렛뽕상 띳 – 손 모양1

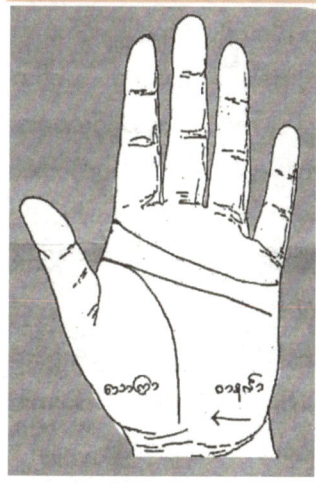

သင့်လက်ဝါးပြင်ကို သေချာ လှန်၍ ကြည့်လိုက်ပါ။ ယခုမြားပြထားသော ပုံစံအတိုင်း သင်၏ အသက်လမ်းကြောင်းသည် သောကြာဂြိုဟ်ခုံနှင့် တနင်္လာဂြိုဟ်ခုံအကြားမှာ အဆုံးသတ်နေလျှင် သင်သည် နိုင်ငံခြား သဘောသားဖြစ်မည့် လက္ခဏာ။

D) လက်ပုံစံ ၂   렛뽕상 닛 – 손 모양2

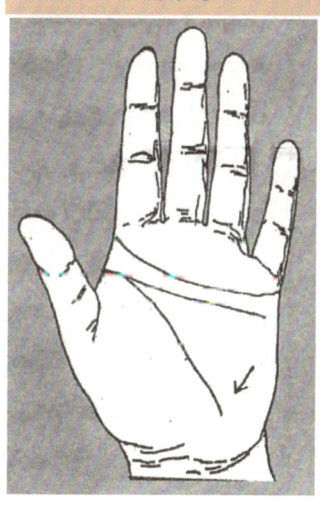

သင့်လက်ဝါးပြင်ကို သေချာလှန်၍ ကြည့်လိုက်ပါ။သင်၏အသက်လမ်းကြောင်းသည် ယခုမြားပြထားသော ပုံစံအတိုင်း လက်ဝါးစောင်း(တနင်္လာဂြိုဟ်ခုံ) မှာ အဆုံးသတ်နေလျှင်သင်သည် နိုင်ငံမြားရောက်မည့် လက္ခဏာ ပိုင်ရှင်ဖြစ်သည်။ အမျိုးသားဖြစ်လျှင် နိုင်ငံခြားသဘောသား ဖြစ်မည့် လက္ခဏာ။

E) လက်ပုံစံ ၃ 렛뽕상 똥 - 손 모양 3

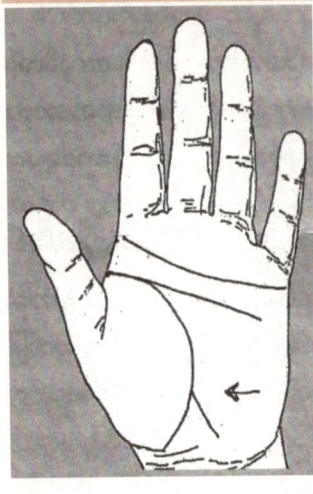

သင့်လက်ဂါးပြင်ကို သေချာလှန်၍ ကြည့်လိုက်ပါ။ ယခုမြားပြထားသော ပုံစံအတိုင်းအသက်လမ်းကြောင်းမှ လမ်းခွဲ တစ်ခုခွဲထွက်ပြီး သင်သည် နိုင်ငံခြားရောက်မည့် လက္ခဏာပိုင်ရှင်ဖြစ်သည်။ အမျိုးသားဖြစ်လျှင် နိုင်ငံခြားသဘော်သား ဖြစ်မည့် လက္ခဏာ။

F) လက်ပုံစံ ၄ 렛뽕상 레 - 손 모양 4

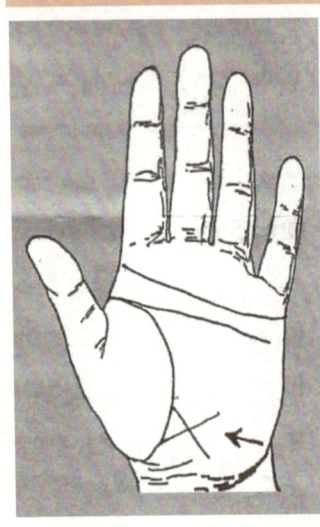

သင့်လက်ဂါးပြင်ကို သေချာလှန်၍ ကြည့်လိုက်ပါ။ယခု မြားပြထားသော ပုံစံအတိုင်း သင်၏အသက်လမ်းကြောင်းမှ လမ်းခွဲတစ်ခု အောက်သို့ဆင်းနေပြီး တိုးတက်ရေးလမ်းကြောင်းတစ်ခုကလည်း ထိုလမ်းကြောင်းကို ဖြတ်ပြီး ကြက်ခြေခတ်ပုံစံ ဖြစ်နေလျှင် ကြီးပွားချမ်းသာမည်။ နိုင်ငံခြားသားနှင့် (သို့)နိုင်ငံခြားနှင့် ပတ်သက်သော လုပ်ငန်း ကျယ်ကျယ်ပြန့်ပြန့်လုပ်ကိုင်သူနှင့် အိမ်ထောင်ကျ မည့်သူဖြစ်သည်။

5 이야기 거리 (생활 밀착형 미얀마어)

တရားစွဲဆိုမည်ဖြစ်ကြောင်း အကြောင်းကြားအပ်ပါတယ်
떠야스웨소미 핏짜웅 어짜웅짜 앗바데

고소하게 됨을 공지합니다(고소 공지장)

🔍 해석 p.230

သို့၊
၁။ ဦး A
    အမှတ်- ၀၀၀ / ၀၀၀ ၊ ဘားလမ်း၊
    ကျောက်တံတားမြို့နယ်၊ ရန်ကုန်မြို့။
၂။ ဦး B
    ကားငှားရမ်းခြင်းဝန်ဆောင်မှုလုပ်ငန်း
    အမှတ်-၀၀၀ ၊ မြန်မာ့ဂုဏ်ရောင်လမ်း၊
နတ်ချောင်းရပ်ကွက်၊တာမွေမြို့နယ်၊ရန်ကုန်မြို့။

ရက်စွဲ။ ၂၀၁၃ ခုနှစ် ၊နိုဝင်ဘာလ ၀၀ရက်။

လူကြီးမင်းခင်ဗျား-
    ကျွန်ုပ်၏မိတ်ဆွေ ဖြစ်သူ Mr.C (နိုင်ငံကူး လက်မှတ်အမှတ် -M-၁၂၃၄၅၆၇၈၉)
ကိုင်ဆောင်သူ၊ပုလဲကွန်ဒို၊ကမ္ဘာအေးဘုရားလမ်း၊ဗဟန်းမြို့နယ် နေထိုင်သူ၏
လွှဲအပ်ညွှန်ကြားချက်အရ အောက်ပါအတိုင်း နို့တစ်စာ ပေးပို့
အကြောင်းကြားအပ်ပါသည်။
    လူကြီးမင်းဦးဉာ B ၏ ကားငှားရမ်းခြင်း ဝန်ဆောင်မှု လုပ်ငန်းမှ တစ်ဆင့် လူကြီးမင်း
ဦးA ပိုင်ဆိုင်သည့် ယာဉ်အမှတ် - ၃ယ/၄၃၂ ယာဉ်ကို ၂၃-၃-၁၄နေ့မှ ၂၂-၆-၁၄နေ့ထိ

တစ်လလျှင် ငွေကျပ် ခုနစ်သိန်းငါးသောင်းဖြင့် ငှားရမ်းခဲ့ကြောင်း သိရှိရပါသည်။

စာချုပ်ပါ အမှတ်စဉ် (၄)အရ ရက်သတ္တတစ်ပါတ်လျှင် တစ်ရက်နားရက်ပေးရန်ပါရှိရာ ကျွန်ုပ်၏မိတ်ဆွေက တနင်္ဂနွေနေ့ ကို ယာဉ်အသုံးပြုလိုကြောင်းနှင့် ကျွန်ုကြိုက်နှစ်သက်ရာ တစ်ရက် နားခွင့် ရွေးချယ်ရန် ပြောသော်လည်း လူကြီးမင်းတို့ လက်ခံခြင်းမပြုဘဲ တနင်္ဂနွေနေ့ကိုသာ နားရက် အဖြစ် သတ်မှတ်သဖြင့် စာချုပ်ပါ စည်းကမ်းချက်ကို လူကြီးမင်းတို့က ဖောက်ဖျက်ကြောင်း ဖော်ပြလိုပါသည်။

စာချုပ်ပါ အမှတ်စဉ်(၇)အရ အသုံးပြုသည့် ယာဉ်မှာ အခြားအလားတူ ယာဉ်ကဲ့သို့ ကောင်းမွန်ခြင်းမရှိပါက အစားထိုးလဲလှယ်ပေးပါရန် ပါရှိပါသည်။ကျွန်ုပ်မိတ်ဆွေအား ငှားရမ်းခဲ့သည့် ယာဉ်အမှတ်-၃ယ/၄၃၂၂ ယာဉ်မှာ အလားတူ ယာဉ်များထက် ဆီစားနှုန်းမြင့်မားသဖြင့် ယာဉ်အစားထိုးလဲလှယ်ပေးရန် ကျွန်ုပ်မိတ်ဆွေက တောင်းဆိုသော်လည်း လူကြီးမင်းတို့က လိုက်နာခြင်းမရှိကြောင်း သိရှိ ရပါသည်။

သို့ဖြစ်၍ လူကြီးမင်းတို့သည် နှစ်ဘက်ချုပ်ဆိုထားသည့် ၀၀.၀.၁၃ နေ့စွဲပါ စာချုပ်ကို လိုက်နာခြင်းမရှိ၊တာဝန်ပျက်ကွက်သဖြင့် လူကြီးမင်းတို့သည် နှစ်ဖက်သဘောတူချုပ်ဆိုထားသည့် စာချုပ်ပါ စည်းကမ်းများကို ဖောက်ဖျက်ကြောင်း ဖော်ပြပါသည်။သို့ဖြစ်၍ ကျွန်ုပ် မိတ်ဆွေက (၁၅)လ အတွက် ငှားရမ်းခငွေ အမေရိကန်ဒေါ် လာ ၁၂၉၅၅ ပေးချေထားသည့် အနက်မှ (၈)လသာ အသုံးပြုပြီးဖြစ်သဖြင့် (၇)လအတွက် ကြို့နို့တစ်စာကို ရရှိသည့်နေ့မှ (၁၈)ရက်အတွင်း ကျွန်ုပ်မိတ်ဆွေထံ ပြန်လည်ပေးအပ်ရန်တောင်းဆိုပါသည်။

အကယ်၍ လိုက်နာခြင်းမရှိပါက (၇)လ အတွက် ကျန်ရှိသည့် အမေရိကန်ဒေါ် လာ ၆၀၄၅.၆ အပြင် သတ်မှတ်ချိန်မရောက်ရှိသည့် အတွက် နစ်နာကြေးငွေများကိုပါ

ထည့်သွင်းတောင်းဆို၍ လူကြီးမင်းတို့အား တရားစွဲဆိုရ လိမ့်မည်ဖြစ်ကြောင်း အကြောင်းကြားအပ်ပါသည်။

လွှဲအပ်ညွှန်ကြားချက်အရ
ဦး D (B.A(law);LL.B)

무세 사원

강 건너 중국이 보이는 사원!

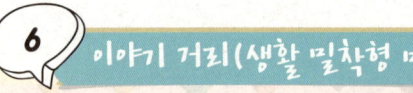

ခရီးသည်များ မင်္ဂလာအပေါင်းနှင့် ပြည့်စုံ
커이데먀 밍글라어빠웅흐닝 삐쏭

탑승객들에 대한 환영 및 마무리

해석 p.235

- ကျေးဇူးပြု၍ နားဆင်ပါရှင် ၊ ခင်ဗျာ

ကျွန်မတို့ရဲ့ ခရီးစဉ်အမှတ် K7 နှင့် (A) မြို့များသို့ လိုက်ပါလာကြသော ခရီးသည်များကို Air Kanbawza လေကြောင်းလိုင်းကိုယ်စား လေယာဉ်မှူးကြီး Cpt…နှင့် လေယာဉ် အဖွဲ့သားများမှ နွှေးထွေးပျူငှာစွာ ခရီးဦးကြိုဆိုပါတယ်ရှင်/ခင်ဗျာ။

ယခု ခရီးစဉ်ဟာ(..)ခန့်ကြာ ပျံသန်းမှာ ဖြစ်ပြီး အမြင့်ပေ …ခန့်မှ ပျံသန်းမှာ ဖြစ်ပါတယ်။

မိုဘိုင်းဖုန်းများသည် လေယာဉ်၏ ဆက်သွယ်ရေးစနစ်ကို အနှောင့်အယှက် ဖြစ်စေသည့် အတွက် အသုံးမပြုကြရန်နှင့် အခြားလျှပ်စစ်ပစ္စည်းများမှာလည်း ထို့အတူ အွန္တရာယ် ပြုနိုင်တဲ့ အတွက် အသုံးပြုလိုပါက လေယာဉ်မောင်/မယ်များနှင့် ကြိုတင် ဆွေးနွေး မေးမြန်းကြစေလိုပါတယ်။

လေယာဉ်ခရီးစဉ်တစ်လျှောက်လုံး ခရီးသည်များ အဆင်ပြေ ချောမွေ့မှု ရှိစေရန် ကျွန်မတို့ လေယာဉ်အဖွဲ့သားများအနေနှင့် အကူအညီပေးရန် အမြဲ အဆင်သင့် ရှိနေကြောင်း ပြောကြားလိုပါတယ်။

ကျေးဇူးတင်ပါတယ်ရှင်/ခင်ဗျာ

* Delay

လေယာဉ်ထွက်ခွာချိန် (အနည်းငယ်) နောက်ကျခြင်းအတွက် အဆင်မပြေမှုများ ရှိပါက သည်းခံခွင့်လွှတ်ပါရန် Air Kanbawza လေကြောင်းလိုင်းကိုယ်စား အနူးအညွှတ် မေတ္တာရပ်ခံအပ်ပါတယ်ရှင်/ခင်ဗျာ။

လေးစားကြည်ညိုအပ်ပါသော ဆရာတော်ဘုရားများနှင့် သံဃာတော်များ

* After Take – Off Announcement

ကျေးဇူးပြု၍ နားဆင်ပါရှင် ၊ ခင်ဗျာ

ထိုင်ခုံခါးပတ်များ ပတ်ထားကြရန် အချက်ပြသည့် မီးကို မှိတ်လိုက်ပြီ ဖြစ်သော်လည်း ခရီးသည်များဘေးကင်းစေရန်အတွက် ထိုင်ခုံမှာ ထိုင်နေစဉ် ထိုင်ခုံ ခါးပတ်များကို ဆက်လက်၍ ပတ်ထားကြပါရန် မေတ္တာရပ်ခံအပ်ပါတယ် ။

ကျေးဇူးတင်ပါတယ် ရှင် ၊ ခင်ဗျာ ။

chapter
02-1

해 석
한국의 요리와 먹거리들

바간 쉐지곤 파고다

김치

재료

1. 배추: 2덩이(반절로 길게 썬 것) 2. 굵은 소금: 300g (2컵) 3. 한국 새우젓: 90g
4. 고춧가루: 70g 5. 양파: 100g (껍질을 벗겨서 얇게 썬 것)
6. 소금: ※식탁용 숟가락 2술 7. 설탕: 식탁용 숟가락 2술
8. 마늘: 7개(껍질을 벗겨서 다진 것) 9. 생강: 1개(2.5㎝, 껍질을 벗겨서 다진 것)
10. 긴 무: 1개(얇고 길게 채 썬 것) 11. 대파: 2뿌리(채 썬 것)

요리 방법

1. 배추 여기저기에 굵은 소금으로 뿌려서 절인다. 4시간 정도 놔둔다. 그 후에 배추를 잘 씻고 말린다.
2. 새우젓과 고춧가루, 양파, 소금, 설탕, 마늘, 생강을 믹서에 넣고 섞어서 즙을 만든다. 믹서에서 즙을 꺼내서 채 썬 무와 대파, 또는 파와 함께 잘 섞는다.
3. 섞어놓은 즙을 소금에 절인 배춧잎 사이에 골고루 발라준다.
4. 그 배추 한 덩이를 공기가 들어가지 않도록 김치통 안에 잘 보관한다. 냉장고에 넣기 전에 밖에 하루 정도 삭힌다.

※ 식탁용 숟가락은 테이블 스푼이라고도 하며, 큰 술과 같은 단위이다. 작은 숟가락은 티 스푼이라고도 하며, 작은 술과 같은 단위이다.

💡 '김치' 주요 어휘

미얀마어	발음	해석
ဟိုဘက်ဒီဘက်	호벳디벳	여기저기
နွမ်း တယ်	느왕데	소금에 절이다, 시들다.
ဖျန်းပက် တယ်	피앙빳데	골고루 뿌리다.
cf) ပက်ဖျန်း တယ်	빳피앙데	골고루 뿌리다.
N + အနံ့	N 어흐낭	N의 이곳저곳, 여기저기
ရေဆေး တယ်	예쎄데	물에 씻다.
အခြောက်ခံ တယ်	어차옷캉데	말리다.
ခပ်ဖွဖွ	캇프와프와	보풀게, 보송보송하게
ဘလန်ဒါ	버란다	믹서기 블렌더(Blender)의 미얀마식 표기
ထည့်မွှေ တယ်	테므웨데	넣어 섞다.
အနှစ်လုပ် တယ်	어닛로웃데	즙을 만들다.
ပါးပါး ရှည်ရှည်	빠빠쉬쉬	얇고 길게
ရောစပ် တယ်	요쌋데	섞다
N + များကြား	N + 먀짜	N들 사이에
ထုပ်	토웃	봉지, 덩이
နပ်ထား တယ်	흐낫타데	익히노록 놔두다.

② 김치찌개

재료

1. 돼지고기: 100g (얇게 썬 것) 2. 생강즙: 1 식탁용 숟가락
3. 연한 간장: 2 식탁용 숟가락 4. 검은 후춧가루: 1 식탁용 숟가락
5. 설탕: 1 식탁용 숟가락 6. 김칫물(김칫국): 200g (많이 익어서 신맛이 나는 김치)
7. 물: 375 ml 8. 연두부: 한 덩어리 9. 파: 채 썬 것

요리 방법

1. 돼지고기를 생강즙, 연간장, 후추, 설탕, 김칫국물과 섞어 무치고 20분 정도 놔둔다.
2. 섞어 무친 돼지고기를 신맛 나는 김치와 함께 뚝배기에 넣어둔다. 물을 넣고 끓인다.
3. 물이 끓으면 연두부를 넣고 불을 줄이고 20분 정도 놔둔다.
4. 끝나면 썰어놓은 파를 넣어서 먹는다.

'김치찌개' 주요 어휘

미얀마어	발음	해석
ရောလုံး တယ်	요롱데	섞어서 무치다.
cf) ရောနယ် တယ်	요네데	섞어서 무치다.
cf) နယ် တယ်	네데	섞어서 무치다.
အိုး	오	냄비, 뚝배기
သုံးဆောင် တယ်	똥싸웅데	먹다. (겸손한 표현)드시다.

3. 순두부찌개

재료

1. 빨간 고추장: 1 식탁용 숟가락   2. 간 마늘: 1 식탁용 숟가락
3. 고춧가루: 1 식탁용 숟가락   4. 연한 간장: 1 식탁용 숟가락
5. 소고기 가루, 양념: 2분의 1식탁용 숟가락   6. 양파: 50g (껍질을 벗겨서 썰어놓은 것)
7. 김치: 30g(싹둑 썬 것)   8. 돼지고기: 50g(썰어놓은 것)   9. 물: 250 ml(한 컵)
10. 순두부: 1덩어리(140g)   11. 달걀: 1개   12. 대파: 1줄기(얇고 길게 썬 것)

요리 방법

1. 빈 뚝배기를 가열해 둔다. 불을 줄이고 고추장, 간 마늘, 고춧가루, 연한 간장, 소고기 가루 양념, 양파, 김치와 돼지고기를 넣으세요. 5분 정도 데친다.
2. 물을 넣고 끓인다. 연두부를 주의해서 넣으세요. 10분~15분 정도 연한 불에 놔둔다.
3. 달걀을 깨 넣고 불을 끈다. 대파를 얇게 썰어 놓은 것을 넣고 먹는다.

'순두부찌개' 주요 어휘

미얀마어	발음	해석
မြေအိုး	미에오	뚝배기
အလွတ်	어룻	비어있는
အပူပေး တယ်	어뿌뻬데	가열하다.
လုံး တယ်	롱데	네치다, 무치다.
cf) နယ် တယ်	네데	무치다.
မီးခပ်ပျော့ပျော့	미캇뽀뽀	연한 불
ဖောက် တယ်	파웃데	깨다, 터뜨리다.
ထည့် တယ်	데데	넣다.
ပါးပါး	빠빠	얇게
လှီး တယ်	흐리데	썰다.

4 삼계탕

재료

1. 닭 한 마리: 1~1.5kg 2. 한국 인삼 3조각: 8㎝ 3개
3. 찹쌀: 90g(1시간 동안 물에 담가서 씻은 것) 4. 마늘: 6개(껍질을 벗긴 것)
5. 물: 3ℓ 6. 말린 밤: 2개 7. 대추: 6개(껍질을 벗긴 것)
8. 소금: 기호에 따라 9. 하얀 후추: 기호에 따라

요리 방법

1. 닭을 씻어서 내장을 버린다. 머리, 발, 날개 끝과 목을 잘라서 버린다. 몸통만 남기고 깨끗이 씻는다.
2. 대나무 꼬치로 목과 몸통을 꽂아서 형태를 유지하고, 인삼, 찹쌀, 마늘을 닭의 몸통에 채워 넣는다.
3. 닭의 아랫부분을 끈으로 묶고, 채워넣은 재료가 나가지 못하게 막는다. 닭을 냄비에 넣고 물을 넣고 끓인다.
4. 불을 줄이고 빨간 대추와 밤을 넣는다. 닭이 부드러워질 때까지 연한 불에 데운다.
5. 대나무 꼬치를 빼고 식사를 내놓는다. 손님에게 소금과 후추를 취향대로 쳐서 먹게 한다.

'삼계탕' 주요 어휘

미얀마어	발음	해석
ကလီဇာ	꺼리자	내장
တောင်ပံ	따웅방	날개
အဆုံးပိုင်း	어쏭바잉	끝 부분
စင်အောင်	씽아웅	깨끗하도록, 깨끗하게
ဝါးချောင်း	와차웅	대나무 꼬치
ထိုးထည့် တယ်	토테데	꽂아넣다.
ပုံစံ	뽕상	모양

ပျက် တယ်	삐엣데	망가지다, 고장 나다, 틀어지다.
ချည် တယ်	치데	묶다.
အဆာတွေ	어싸드웨	안에 넣은 재료, 내용물
နူး တယ်	누데	부드럽다.
cf) နု တယ်	누데	젊다, 젊어 보이다.
cf) နူ တယ်	누데	문둥병 생기다.
ဖယ် တယ်	페데	빼다.
cf) ဖယ်ချန် တယ်	페창데	남기다.
နှစ်သက် တယ်	흐닛뗏데	좋아하다.

📷 바간 쉐산도 퍼야

바간에서 유명세 타는 사원

5 오징어 뭇국

재료

1. 오징어: 한 마리 2. 청양고추: ½(한 개의 반절) 3. 빨간 고추: ½
4. 대파: 1/5 5. 연한 간장(국 만드는 간장): ※1 작은 숟가락
6. 고춧가루: 1 작은 숟가락 7. 다진 마늘: ½ 작은 숟가락
8. 소금: ¼ 작은 숟가락 9. 후추: ¼ 작은 숟가락

요리 방법

1. 멸치와 다시마를 넣어 육수를 우려 주세요.
2. 오징어는 한입 크기로 썰고, 무는 나박하게 썰고, 대파와 고추는 송송 썰어주세요.
3. 육수에 무를 넣고 고춧가루, 다진 마늘, 국간장을 넣어 끓여 주세요.
4. 3번이 팔팔 끓으면 오징어와 양파를 넣고 끓여주세요.
5. 오징어가 익고 무가 투명해지면 고추를 넣고 계속 끓여주세요.
6. 거의 다 끓으면 마지막으로 모자란 간은 소금과 후추로 맞추고 썰어놓은 대파를 넣어 한 소금 더 끓입니다.

'오징어 뭇국' 주요 어휘

미얀마어	발음	해석
ငါးသလဲထိုး	ㅇ아더레토	멸치
ပင်လယ်ရေညှိ	뼁레예흐니	다시마
ဟင်းချို ကျိုတယ်	힝쬬쬬데	육수를 우리다.
တစ်လုတ်စာ	더로웃사	한입. 한 번 먹을 정도
ခပ်စောင်းစောင်း	캇싸웅사웅	송송. 약간 큼직하게
ပြုတ် တယ်	뽀웃데	끓이다.
ပွက်ပွက်	쁘웻쁘웻	펄펄
ဆူ တယ်	수데	끓다.
နောက်ဆုံး	나웃송	마지막
N + အနေနဲ့.	N 어네네	N로서

※ 식탁용 숟가락은 테이블 스푼이라고도 하며, 큰 술과 같은 단위이다. 작은 숟가락은 티 스푼이라고도 하며, 작은 술과 같은 단위이다.

6 깻잎 김치

재료

1. 깻잎: 10단

재료 : 간장 소스

2. 간장: ½컵 3. 물: ¼컵 4. 청주: 2 큰 숟가락
5. 국물용 멸치: 10마리 6. 다시마: 1장 (3×3㎝) 7. 생강: 1톨

재료 : 양념장

8. 간장 소스: 위에서 만든 것 9. 고춧가루: 2 큰 숟가락 10. 다진 마늘: 1 큰 숟가락
11. 설탕: 1 큰 숟가락 12. 매실청: 1 큰 숟가락 13. 통깨: 1 작은 숟가락

요리 방법

1. 깻잎은 깨끗이 씻어 물기를 빼세요.
2. 당근과 양파는 채를 썰고, 대파는 송송 썰어 준비하세요.
3. 간장에 물, 청주, 국물용 멸치 등을 넣어서 한 번 끓이세요. 건더기는 건져내고 식혀주세요.
4. 식혀 둔 간장 소스에 양념장 재료를 분량대로 넣어 양념장을 만들어 주세요.
5. 깻잎 2~3장을 겹쳐 양념장을 발라 차곡차곡 쌓아 밀폐용기에 담고 냉장 숙성시킵니다.

'깻잎 김치' 주요 어휘

미얀마어	발음	해석
အဖတ်	어팟	건더기, 찌꺼기
ဆယ် တယ်	쎄데	건지다.
အအေးခံ တယ်	어에칸데	식히다.
လေလုံ တယ်	레롱데	공기가 없다.
ရေခဲရိုက်ထား တယ်	예케야잇타데	냉장고에 얼려두다.
ခဲတဲ့အထိ ထား တယ်	케데어티타데	(냉장고에) 얼 때까지 놔두다.

7 소고기 뭇국

재료

1. 소고기 양지: 200g 2. 물: 4컵 3. 무: 3분의 1개 4. 국간장: 1 큰 술
5. 다시마: 2장 (3×3㎝) 6. 대파: ¼ 대 7. 다진 마늘: 1 작은술
8. 후추: ⅓ 작은술 9. 소금: ⅔ 작은술

요리 방법

1. 소고기는 적당한 크기로 썰고 무는 나박썰기 하고, 대파는 송송 썰어주세요.
2. 달군 냄비에 소고기와 무를 넣어 볶아 주세요.
3. 적당히 볶아지면 물과 다진 마늘, 다시마를 넣어 센 불에 끓여주세요.
4. 3번이 끓으면 국간장을 넣어 함께 끓여주세요.
5. 국이 끓으면 모자란 간은 소금과 후추를 넣어 주세요.
6. 마지막에 대파를 넣어 한 소금 더 끓여 주세요.

'소고기 뭇국' 주요 어휘

미얀마어	발음	해석
အနေတော်(လေး)	어네더레	적당한
အရွယ်	어유웨	크기
ခပ်ကြီးကြီး	캇찌찌	약간 큼직하게 (나박썰기)
မွှေပေးတယ်	ㅎ므웨데	섞다, 볶다
အဆင့်	어씽	단계

 **어묵국**

재료

1. 어묵: 1장 2. 양파: ⅓개 3. 무: 100g 4. 청양고추: 1개
5. 홍고추: ⅓개 6. 대파: 1/5개 7. 육수: 3컵 (멸치 다시마로 만든)
8. 국간장: 1 작은 술 9. 다진 마늘: ½ 작은 술
10. 소금: ½ 작은 술 11. 후추: ¼ 작은 술

요리 방법

1. 어묵, 무, 양파는 채를 썰고, 고추와 대파는 송송 썰어주세요.
2. 육수에 무와 국간장, 다진 마늘을 넣고 센 불에 올려 끓여주세요.
3. 무가 투명하게 익어갈 무렵 어묵과 고추를 넣어 끓여주세요.
4. 모자란 간은 소금과 후추로 맞추고 대파를 넣어 한 소금 더 끓입니다.

'어묵국' 주요 어휘

미얀마어	발음	해석
အပေါ့အငန်	어뽀어ㅇ앙	(맛의) 간, 싱겁고 짠 정도
အရသာ	어야다	맛
အချိန် အနည်းငယ်	어체잉어네ㅇ웅에	한 소금, 짧은 시간

9. 콩나물국

재료

1. 콩나물: 콩나물 200g 2. 대파: ⅓대 3. 다진 마늘: ½ 작은 술
4. 한국 새우젓 즙(국물): 1 작은 술 5. 소금: ⅓ 작은 술 6. 육수: 4컵

재료 : 육수

7. 양파: ½개 8. 무: 50g 9. 국물용 멸치: 1줌
10. 다시마: 1장 (4×4㎝) 11. 북어포: 1줌 12. 물: 6~7컵

요리 방법

1. 육수 재료를 넣고 끓여 맑은 육수를 만들어주세요.
2. 콩나물을 깨끗이 손질해 2~3번쯤 흔들어 씻어 물기를 빼주고 대파는 송송 썰어 준비해주세요.
3. 1번의 맑은 육수에 콩나물을 넣어준 후 센 불에서 끓여주세요. 이때 냄비뚜껑은 열어둡니다.
4. 3번이 끓으면 다진 마늘을 넣고 계속 끓여줍니다.
5. 거의 다 끓으면 새우젓 국물과 소금으로 간을 맞춰줍니다.
6. 대파를 넣어 한 소금 더 끓입니다.

'콩나물국' 주요 어휘

미얀마어	발음	해석
နှင် တယ်	ㅎ느윙데	손질하다.
ခါ ဆေး တယ်	카세데	흔들어 씻다.
အိုးဖုံး	오퐁	냄비뚜껑, 뚝배기뚜껑

10 명란젓국

재료

1. 명란젓: 4개 2. 멸치 육수: 2와 ½컵 3. 두부: 1모의 ¼
4. 애호박: ⅓개 5. 청양고추: 2개 6. 홍고추: ¼개
7. 다진 마늘: 1 작은 술 8. 고춧가루: ½ 작은 술 9. 소금: ⅓ 작은 술

요리 방법

1. 명란은 1cm로 썰고 두부는 깍둑 썰고, 애호박은 4등분 한 후 나박하게 썰고, 양파는 채 썰고 고추는 어슷하게 썰어 준비하세요.
2. 냄비에 멸치 육수를 붓고 끓으면 애호박, 명란, 채 썬 양파, 다진 마늘을 넣어 함께 끓여주세요.
3. 2번이 끓으면 청양고추를 넣어 함께 끓여줍니다.
4. 마지막에 대파를 넣고 모자란 간은 소금과 간장으로 맞춰 끓여냅니다.

Tip: 명란젓의 간에 따라 찌개의 소금간은 입맛에 맞게 조절하세요.

'명란젓국' 주요 어휘

미얀마어	발음	해석
လေးစိတ်(ကွဲ) တယ်	레세잇끄웨데	4등분하다.
ခပ်ထူထူ	캇투투	나박하게
မွှန်း တယ်	흐뭉데	썰다.
အရံဟင်း	어양힝	반찬
ဟင်း	힝	반찬, 요리, 찌개
cf) ဟင်းရှို	힝조	국

 ## 11 소고기 메추리알 장조림

재료

1. 소고기: 500g **2.** 메추리알: 270g **3.** 청양고추: 2개 **4.** 대파: 1대
5. 양파: ⅓개 **6.** 통후추 간 것: 10 알 **7.** 물: 5컵 **8.** 다시마: 1장

재료 : 장조림 소스

9. 청주: ⅓컵 **10.** 간장: ⅓컵 **11.** 고기 삶은 육수: 1컵 **12.** 생수: 3컵
13. 설탕: 2 큰 술 **14.** 매실청: 1 작은 술 **15.** 다시마: 1장 (4×4㎝)

요리 방법

1. 소고기는 찬물에 담가 핏물을 빼주세요.
2. 메추리알은 삶아서 껍질을 제거하고, 양파, 대파, 간마늘, 통후추 등을 준비해주세요.
3. 냄비에 핏물을 뺀 소고기를 넣고 채소와 물을 넣어 고기를 푹 익혀준 후 고기 삶은 물 1컵 정도는 따로 준비해서 조림장을 만들 때 사용합니다.
4. 푹 삶아진 고기를 결대로 찢어서 준비해주세요.
5. 냄비에 찢어놓은 고기와 메추리알, 다시마를 넣고 따로 만들어둔 조림장에 담가주세요.
6. 5번을 센 불에서 끓이다가 중불로 줄여 적당히 조려 국물이 자작할 때까지 조려주세요.

'소고기 메추리알 장조림' 주요 어휘

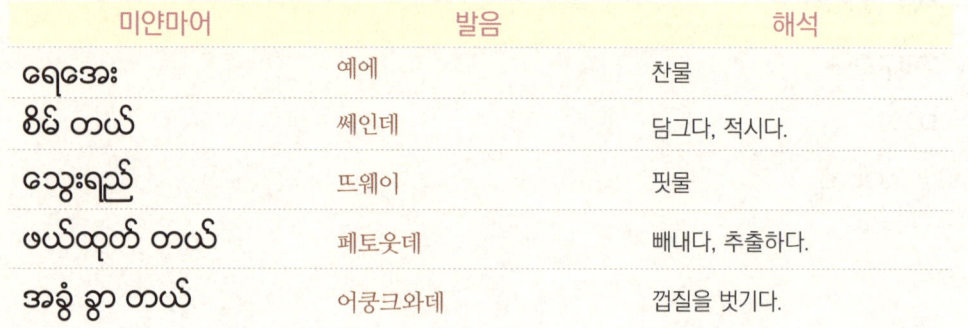

အမြောင်းလိုက်	어먀웅라잇	(고기, 나무) 결대로.
နွာ တယ်	흐느와데	(갈갈이) 찢다.
သပ်သပ်	땃땃	따로따로, 각각
မီးပြင်းပြင်း	미삥삥	센 불

바간 쉐산도 퍼야

석양을 맞이하는 스님들의 표정에서 평화로움과 인자함이 느껴져요!

72 짜장면

재료

1. 춘장: 3 큰 술 2. 소고기: 150g 3. 애호박: ¼개 4. 양배추: ¼개
5. 대파: ½대 6. 녹말물: 2 큰 술 7. 짜장면용 면: 2인분 8. 물: 1과 ½컵
9. 설탕: ⅔ 작은 술 10. 식용유: ⅓컵 11. 청주: 1 작은 술 12. 후추: 약간

요리 방법

1. 춘장은 식용유에 볶아 기름을 빼고, 채소는 깍둑 썰고 대파는 송송 썰어주세요.
2. 달군 팬에 식용유를 두르고 소고기와 청주, 후추를 넣어 볶아주세요.
3. 2번에 감자를 넣어 함께 볶아주세요.
4. 양배추와 애호박, 대파를 넣어 함께 볶아주세요.
5. 채소가 적당히 익을 때쯤 춘장을 넣어 함께 볶다가 물을 넣어 보통 불에서 재료를 익혀주세요.
6. 짜장이 완성되면 녹말 물을 넣어 농도를 맞춰주세요.

'짜장면' 주요 어휘

미얀마어	발음	해석
ဒယ်အိုး	데오	프라이팬
စားသုံးဆီ	싸똥씨	식용유
နှံ့အောင်	흐낭아웅	넓게 퍼지도록
ကြော် တယ်	쪼데	튀기다.
အလယ်အလတ်	어레어랏	중간, 가운데, 적당함
ဖျော် တယ်	표데	섞다.
အရည်အပျစ်အကျဲ	어이어뼛어쩨	농도
အတိုးအလျော့လုပ် တယ်	어또어쇼로옷데	조절하다(올리고 내리고 하다).

 **새우탕**

재료

1. 새우: 20마리 2. 다시마 육수: 3컵 3. 무: ¼토막 4. 청양고추: 1개
5. 홍고추: ½개 6. 양파: ⅓개 7. 대파: ¼개 8. 국간장: 1 작은 술
9. 고춧가루: 1 큰 술 10. 다진 마늘: ½ 큰 술 11. 후추: ⅓ 작은 술
12. 소금: ½ 작은 술

요리 방법

1. 새우는 흐르는 물에 2~3번 흔들어 씻어 물기를 빼고 무는 얄팍하게 나박 썰고, 양파는 채 썰고 고추와 대파는 어슷하게 썰어주세요.
2. 냄비에 육수를 넣고 간장, 고춧가루, 나박 썬 무를 넣어 센 불에서 끓여주세요.
3. 2번이 팔팔 끓으면 새우와 다진 마늘, 청양고추와 양파를 넣고 끓여주세요.
4. 무가 무르고 새우가 익을 정도로 끓으면 대파를 넣고 모자란 간은 소금으로 맞춰주세요.

> **참고**: 새우탕의 새우는 큰 새우보다 중하 정도로 해야 국물이 시원하고 맛있습니다.

'새우탕' 주요 어휘

미얀마어	발음	해석
ပုဂ်ခေါင်း	빠잇가웅	수노쑥시(Pipe의 미얀마식 표기)
ကျယ်ကျယ်	쩨쩨	넓게, 크게
အပြားကျယ်ကျယ်	어빠쩨쩨	얇고 넓게
ပွက်ပွက်	쁘웻쁘웻	펄펄
အကောင်ကြီး	어까옹지	(생선의)크기가 큰 것

14. 조개탕

재료

1. 바지락: 2컵 2. 물: 2컵 3. 청양고추: ½개 4. 홍고추: ½개
5. 양파: ¼개 6. 대파: 1/5대 7. 부추: 5~6대
8. 다진 마늘: 1 작은 술 9. 소금: 1꼬집 10. 후추: 1꼬집

요리 방법

1. 바지락은 해감을 시킨 후 씻어서 물기를 빼고 양파는 채를 썰고 고추와 대파는 어슷하게 썰어주세요.
2. 냄비에 바지락을 넣고 소금 1꼬집과 물 1컵을 넣어 끓여주세요.
3. 바지락이 끓어오르며 입을 벌리기 시작하면 양파, 청양고추와 홍고추를 넣어 함께 끓여주세요.
4. 마지막에 부추를 넣고 한 소금 더 끓여주세요.

참고: 조개는 반드시 소금물에 담가 충분히 해감시킨 후 조리합니다.

'조개탕' 주요 어휘

미얀마어	발음	해석
သေသေချာချာ	떼떼차차	확실히, 꼼꼼하게, 자세하게
ရေစင်အောင် လုပ် တယ်	예싱아웅로웃데	물기가 빠지게 하다.
cf) ရေစစ်ထား တယ်	예씻타데	물기가 빠지게 하다.
V + မှ	V 흐마	V 해야만

 **바닷가재(랍스터) 버터구이**

> 재료

1. 바닷가재: 1마리 2. 버터: 1 식탁용 숟가락
3. 다진 마늘: ½ 식탁용 숟가락 4. 파슬리가루: ½ 식탁용 숟가락

> 요리 방법

1. 실온상태의 부드러운 버터에 마늘 다진 것을 섞어 마늘 버터를 만든다.
2. 바닷가재의 꼬리 부분에 살을 덮고 있는 딱딱한 껍질을 가위로 잘라낸 후, 살만 떼어내 작게 썰어 다시 껍데기를 그릇 삼아 거기에 담는다.
3. 그 위에 마늘 버터를 군데군데 얹어 그릴이나 오븐에 넣어 노릇노릇하게 굽는다. 또는 프라이팬에 놓아 뚜껑을 덮어 잠시 익힌다.
4. 접시에 랍스터 구이를 담고 파슬리가루를 뿌린다.

'바닷가재(랍스터) 버터구이' 주요 어휘

미얀마어	발음	해석
ပုံမှန်	뽕망	보통
အပူချိန်	어쀼체잉	온도
နူးညံ့ တယ်	누냥데	부드럽다.
ထောင်း တယ်	타웅데	찧다.
ရော တယ်	요데	섞다.
အမြီး	어미	꼬리
ပိုင်း	바잉	부분
အုပ် တယ်	오옷데	덮다.
ထား တယ်	타데	두다.
အခွံမာ	어쿵마	단단한 껍질

ဖြတ် တယ်	피엣데	잘라내다, 오려내다.
ထုတ် တယ်	토웃데	빼내다.
ကတ်ကြေး	깟쩨	가위
ဖြူးထည့် တယ်	퓨테데	얹어 넣다, 부려 넣다.
သံပြား	땅뱌	굽쇠, 굽는 판, 그릴
N + ပဲဖြစ်ဖြစ	N 베핏핏	N이든지
အိုဝန	오방	오븐(Oven의 미얀마식 표기)
ဖရိုက်ပန်	퍼라잇빵	프라이팬(Frypan의 미얀마식 표기)
ပန်းကန်ပြား	버강뱌	접시

📷 바간 쉐지곤 파고다

불교 사원이 피라미드같이 생겼다?

16 바닷가재 삶기

재료

1. 바닷가재: 1마리   2. 버터: 1 식탁용 숟가락   3. 다진 마늘: ½ 식탁용 숟가락

요리 방법

1. 냄비에 ½ ~ ⅔ 정도의 물을 채운다
2. 물을 팔팔 끓인 후 바닷가재를 한 번에 넣고 삶는다.
   (집게발의 고무밴드는 나중에 제거한다.)
3. 더듬이를 당겨서 쉽게 빠지거나 바닷가재가 밝은 적색을 나타낼 때가 잘 익은 상태이다. 다 익으면 냄비에서 꺼낸다.
4. 칵테일 소스(녹인 버터와 레몬)을 곁들여 먹으면 좋다.

'바닷가재 삶기' 주요 어휘

미얀마어	발음	해석
အမွေး	어므웨	수염, 털
cf) အမွေ	어므웨	유산
ဆွဲ တယ်	스웨데	당기다.
လွယ်လွယ်	르웨르웨	쉽게
cf) လွယ် တယ်	르웨데	쉽다.
ကျွတ် တယ်	쫏데	빠지다, 뽑히다.
အရောင်	어야옹	색깔
အနီရောင်	어니야옹	빨간색
N색깔 + ရဲလာ တယ်	~예리데	밝은 N새깔로 변해가다.
အနေအထား	어네어타	상태
cf) အခြေအနေ	어체어네	상황
ခါတေး	카페	칵테일(Cocktail의 미얀마식 표현)

바닷가재찜

재료

1. 바닷가재: 1마리 2. 버터: 1 식탁용 숟가락
3. 다진 마늘: ½ 식탁용 숟가락 4. 소금: 2 식탁용 숟가락

요리 방법

1. 소금물(식탁용 숟가락 2술)로 냄비를 약 5센티 높이로 채운다.
2. 물을 팔팔 끓인 후 살아있는 바닷가재를 머리부터 한 번에 넣어 약 16~18분간 스팀으로 찐다.
3. 바닷가재가 밝은 적색을 나타내거나 더듬이를 당겨 쉽게 빠질 때 꺼내서 칵테일 소스에 찍어 먹는다.

'바닷가재찜' 주요 어휘

미얀마어	발음	해석
ခန့်မှန်းခြေ	칸흐만제	대략, 어림짐작
ပေါင်းအိုး	빠옹오	찜통
အငွေ့	어응웨	연기, 가스
ဆွဲထုတ် တယ်	스웨토웃데	당겨서 꺼내다.
ဆော့စ်	쏘옷ㅅ	소스(Sauce의 미얀마식 표기)

18 바닷가재구이

재료

1. 바닷가재: 1마리 2. 버터: 1 식탁용 숟가락 3. 다진 마늘: ½ 식탁용 숟가락

요리 방법

1. 바닷가재를 뒤집어 배를 위쪽으로 하고 세로로 자른다.
2. 내장을 제거한다.
3. 준비된 석쇠 위에 살 부분을 위로 하여 바닷가재를 놓고 녹인 버터를 살코기 위에 바른다.
4. 후추와 소금을 가볍게 뿌리고 버터 빵가루를 곁들이면 더욱 좋다.
5. 불로부터 약 10센티 정도 띄워 약 12~15분 동안 약간의 갈색이 날 때까지 굽는다.
6. 녹인 버터와 레몬이나 칵테일 소스를 곁들여 먹으면 좋다.

'바닷가재구이' 주요 어휘

미얀마어	발음	해석
လှန် တယ်	흐랑데	뒤집다.
ဗိုက်	바잇	배
ဒေါင်လိုက်	다웅라잇	세로방향으로
ပြင်ထား တယ်	뼁타데	준비해두다.
ပျော် တယ်	뽀데	녹이다.
သုတ် တယ်	또웃데	비비다.
လိမ် တယ်	레인데	바르다, 문지르다.
ပေါင်မုန့်	빠웅몽	빵
အမှုန့်	어흐몽	가루, 분말
အကွားအဝေး	어끄외 어웨	거리
အတောအတွင်း	어떠어뜨윙	대략, 적당히
အညိုရောင်(အညိုရောင်)	어뇨야웅	갈색
ရှောက်သီး	샤웃띠	레몬

 **바닷가재 요리시간**

규격	삶는 시간	찌는 시간	1마리 추가 시 조리시간
500g 전후	10분	13분	각 3분씩 연장
1kg 전후	13분	16분	각 6분씩 연장
1.5kg 전후	16분	19분	각 9분씩 연장
2kg 전후	19분	22분	각 12분씩 연장

참고사항

1. 가령 1kg 3마리를 삶을 경우 처음 한 마리 조리시간 13분에 위 표에 근거하여 마리마다 6분씩 연장해야 하기 때문에 13분 + (6분×2마리) = 총 삶는 시간, 25분
2. 싸이즈가 다른 여러 마리 조리 시 가장 큰 치수를 기준으로 한다.
3. 되도록 크기가 같은 것끼리 조리하여 더 조리하거나 덜 조리하는 것이 생기지 않도록 한다.

 '바닷가재 요리시간' 주요 어휘

미얀마어	발음	해석
ဇယား	자야	표
N ပေါ် အခြေခံ တယ်	N뽀어체칸데	N에 근거를 두다.
ညီမျှခြင်း	니먀친	동등하다, 똑같다. Equal 기호(수학)
ဆိုဒ်	싸잇	사이즈(Size의 미얀마식 표기)
စံသတ်မှတ် တယ်	쌍땃ㅎ맛데	기준으로 정하다.
အတတ်နိုင်ဆုံး	어땟나잉송	가능한, 최대한

chapter 03-1

해 석
이야기 거리 (생활 밀착형 미얀마어)

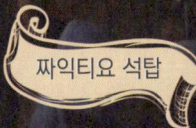

짜익티요 석탑

1 이야기 거리 (생활 밀착형 미얀마어)

소개하기

안녕하세요. 제 이름은 XXXXX 회사 본사에서 온 XXX입니다.

저희가 여기 온 이유는 XXXXX

회사제품을 판매하는 고객을 체계적으로 관리하기 위해서입니다.

저희는 고객관리를 시작한 지 얼마 되지 않았습니다.

시간 좀 내주셔서 몇 가지 질문을 할 수 있도록 해주십시오.

저희는 여러분의 필요를 더 효율적으로 채우기 위해 이 질문을 하는 바입니다.

저희는 이 자료에 대해서 보안을 지킬 것입니다.

저희가 알고 싶은 것들이 모두 잘되었습니다.

시간을 내주시고 도와주셔서 감사드립니다.

다음에도 필요한 게 있으면 도움을 주셨으면 합니다. 감사합니다.

'소개하기' 주요 어휘

미얀마어	발음	해석
ဖောက်သည်	파웃데	단골, 큰 고객
လက္ကား	렛까	도매
cf) လက်လီ	렛리	소매
စာရင်း	써잉	목록, 리스트
စနစ်တကျ	써닛더자	체계적으로, 시스템적으로
ဖြည့်ဆည်း တယ်	피씨떼	채워주다.
လျှို့ဝှက်	쇼우왓 or 흐루왓	비밀
စုံလင် တယ်	쏭린데	여러 종류가 많다.

2 이야기 거리(생활 밀착형 미얀마어)

관용어와 속담

이번 글은 미얀마에서 쓰이는 속담/관용어 여러 가지를 배워보는 글이다.

1. 까잉쭝미 쭝까잉미
(나무가 섬을 기대고 섬은 나무를 기댄다.)

강에 있는 작은 섬은 나무가 없으면 물에 침식되지만, 나무가 있으면 침식되지 않는다. 나무는 뿌리를 박을 섬이 없으면 강물에 떠내려간다. 이처럼 서로서로 덕을 보는 마음으로 어떤 것이든지 도와야 한다라는 것이다.

2. 꼬꼬 꼬포 버뚜도 쿠닛바
(자신을 드러내는 못난 사람 7명)

얼룩 도마뱀, 올빼미, 쉐삐소새, 승냥이, 까치, 띳디새, 보웃새 등의 7개 동물이 자기가 잘났다고 자랑하지만, 결국 뛰어나지 못한 동물의 명단에 들어가는 것처럼, 자기가 잘났다고 스스로 떠드는 사람이 결국 못난 사람 명단에 포함되는 것을 말한다.

미얀마 사람들은 앞에 나서기를 싫어하는데, 이런 속담들의 영향도 있는 것 같다.

3. 거드웯바웃 뱌잉싸웅
(논구멍에서 기다리는 새)

들새가 논구멍에서 나오려고 하는 물고기를 잡기 위해서 한참 동안 기다리는 것처럼 기회가 있을 것 같은 곳에서 한참 동안 기대하고 기다리는 모양을 얘기한다.

한국속담의 "감나무 밑에서 감 떨어지기 기다린다."와 비슷하다.

4. 까칭리엣 렛쬬
     (춤추려는데 손이 부러짐)
   춤추고 싶은 사람이 막 춤추려고 할 때 손이 부러져서 춤을 출 수 없는 것처럼, 자신의 능력을 보여주겠다고 실컷 자랑하던 사람이 능력을 보여줄 때가 되니 말이 달라져서 보여줄 수 없다고 하는 것을 말한다.

5. 까웃닝가 머쎄, 산짱가 쎄
     (찹쌀이 찰지지 않고 볍쌀이 찰지다.)
   찰져야 할 찹쌀이 찰지지 않고 일반 볍쌀이 찰진 것처럼 두 사람이나 두 쪽 중에서 당연히 손해 봐야 할 쪽이 손해 보지 않고 아무 일도 없고, 손해 보지 않아야 할 쪽이 손해를 보게 되는 상황을 말한다.

6. 꼬팅 거딩 슈에낭
     (스스로 침대를 금으로 된 왕궁처럼 생각한다.)
   잠에서 깨서 자신이 사용하고 있는 침대를 금으로 된 화려한 왕의 침소처럼 느껴지는 것처럼, 가치가 없는 것을 스스로 아주 가치 있는 것이라고 마음먹는다는 뜻이다.

7. 꼬미엣치 꼬머밍, 두먀미엣치 꼬밍
     (자신의 눈곱은 못 보고 남의 눈곱은 보인다.)
   자신의 눈곱은 보지 못하고 다른 사람의 눈곱은 볼 수 있는 것처럼, 자신의 잘못은 보지 못하고 다른 사람의 잘못만 보이는 것을 말한다.
   어느 나라에나 자신의 잘못을 반성해야 한다는 의미의 비슷한 속담이 있는 것 같다.

중국에서는 "目不見睫,(목불견첩(자신의 눈썹은 보지 못한다.))"이라는 속담이 있고,

한국에서는 "겨 묻은 사람이 똥 묻은 사람 나무란다."라는 속담이 있다.

8. 커양디 뻬인 다똥

   (마른 가지에 무딘 칼)

마른 가지를 무뎌진 칼로 자르면 쉽게 자를 수 없는 것처럼, 권력이나 명예가 빛이 바래고 약해졌을 때는 뭔가 하려고 하면 쉽게 할 수가 없는 것을 말한다.

예를 들어 대통령의 임기말에 권력누수 현상이 생기는 것을 빗대서 말할 수 있다.

9. 케레더먀 떼예짜

   (힘들게 한 모든 것이 모래에 물이 차는 것처럼 되다.)

모래에 들어오는 물이 헛된 것처럼 힘들게 고대했던 모든 것들이 얻는 것 없이 헛된 것이 되는 것을 말한다.

10. 지그웻라웃도 홍엣다잉흘라

    (올빼미만큼 모든 새가 예쁘다.)

못생긴 지그웻 만큼의 아름다움은 모든 새가 가지고 있는 것처럼, 보통밖에 안 되는 사람마다 보통의 능력은 있다.

11. 버다잉띠로 소웃쑤 싸유

    (가시 열매라서 쥐어도 쑤시고, 먹어도 미친다.)

버다잉 열매(가시가 있는 미얀마의 열매 중 하나)를 손으로 쥐면 쑤시고, 먹

으면 미치는 것처럼, 만족스럽지 않은 것에서 벗어나기 위해서 여러 가지 방법을 찾아보지만 어떤 방법을 써도 나아지지 않는 상황을 말한다.

12. 어흐니쉬 잉옹
(비린 게 있으니 파리가 몰린다.)

비린 냄새가 있는 곳에는 파리가 몰리고, 처녀들이 있는 곳에 총각이 몰리는 것처럼, 뭔가 얻을 게 있는 곳에 사람이 몰리는 것을 말한다.

13. 싸야마레떼흐닝숏숏, 삣야마레어시흐닝윙윙
(먹자니 모래가 섞여 있고, 버리자니 기름기가 있고)

감자에 모래가 묻었는데 아까워서 버리기도 어렵고, 먹기에도 어려운 상황이 된 것처럼, 힘들고 귀찮은데 좋아하고 기대하던 것이어서 거절하기에도 어렵고, 그냥 받아들이는 것도 어려운 상황이 된 것을 말한다.

한국에 "버리기는 싫고 남 주기는 아깝고."라는 속담과 비슷하다.

📷 띤잔 물 축제
신나게 물 뿌리고, 신나게 물에 젖는 사람들!

③ 이야기 거리 (생활 밀착형 미얀마어)

뉴스: 목숨을 뺏고 있는 죽음의 화신, 더위

　섭씨 42도의 온도 아래에서 우묘칫 한 명이 땀이 줄줄 흘러내리지만, 먹고 살기 위해서는 삼륜 인력거를 힘을 다해서 밟아야 합니다. 그러나 그가 더 이상 서 있을수 없어서 그 온도 아래에서 땀을 너무 땀을 많이 흘려서 어지러워서 쓰러진 뒤에야 만달레이 병원에 이르렀습니다.

　나이가 54세가 되는 우묘칫을 만달레이 국립병원 응급실로 동료들이 동반해서 데려다 주게 되었습니다.

　병원에 도착했을 때, 화씨 104도(섭씨 40도)까지 체온이 올라간 우묘칫을 온도가 떨어지도록 얼음물을 계속 반복해서 부어주었습니다.

　만달레이 국립병원으로 열사병(Heat Stroke)으로 온 환자들을 체온에 따라서 얼음물에 담근 옷들로 감싸기, 약병(링거)을 걸고 약을 주기, 얼음물들을 부어주기, 얼음을 담가놓은 욕조에 잠깐씩 머무르기 등을 실행해주고 있습니다.

　"날이 뜨거운데 나가면 열사병(Heat Stroke)을 당할 거라고 광고를 하고 있지만, 먹고살기 위해서 필수적으로 일을 해야만 합니다. 일이 생겼으니 생기는 거지, 이렇게 일을 안 하면 뭘 먹고 지내야 하나요?"라고 우묘칫이 눈꺼풀을 떨어뜨리면서 슬픈 목소리로 말했습니다.

　4월 21일부터 시작해서 만달레이시 온도는 섭씨 42.2도에 달했기 때문에 날이 뜨거운데 단순 일거리로 먹고사는 일당직 근로자들, 나이 많은 노인들, 술을 마시는 사람들 등이 열상을 입어서 열사병(Heat Stroke)이 발생해서 만달레이 국립병원으로 당일에야 시작해서 늦은 오후 6시 30분까지 입원을 했습니다.

만달레이 주 전체에 온도가 점점 올라가서, 열상 때문에 땀이 너무 나서 몸 안에 있는 물과 염분을 모두 잃는 일이 많아지므로, 따라서 열오름과 가려움이 발생하고 힘들고 무기력해짐, 어지러움, 다리에 쥐가 나고, 땀이 마르면서 체온이 오르고, 의식을 잃는 것을 떠나 목숨을 잃는 위험한 상황 등 걱정거리가 생길 수 있다고 만달레이 국립병원에서 온 일반 질병 의사 한 명이 말했습니다.

'뉴스: 목숨을 뺏고 있는 죽음의 화신, 더위' 주요 어휘

미얀마어	발음	해석
အသက်	어뗏	목숨, 생명, 숨
နုတ်ယူ	노웃유	빼앗다, 뽑다.
သေမင်း	떼밍	죽음의 왕
အပူဒဏ်	어뿌당	열로 인한 상처, 열상, 화상
ချွေး	츄웨	땀
တဒီးဒီး	더디디	(땀, 물이)줄줄 흐르는 모습. 의성어
V + သော်လည်း	더레	V 하지만, V함에도 불구하고
ဝမ်းရေးအတွက်	웡예어뜨웻	먹고살기 위해서(ဝမ်း – 배)
တောင့် တယ်	따웅데	서 있다.
cf) တောင်း တယ်	따웅데	요청하다, 요구하다.
cf) တောင်	따웅	산, 남쪽

V + ခံနိုင် တယ်	칸나잉데	V를 견딜 수 있다.
မူးလဲ တယ်	무레데	어지러워 넘어지다(어지럽다+넘어지다).
လူနာဌာန	루나타나	환자실
အပေါင်းအသင်း	어빠옹어띵	동료, 친구, 주변 사람
လိုက်လံ	라잇랑	따라서(함께)
ပို့ဆောင် တယ်	뽀싸옹데	보내다.
ရေခဲရေ	예케예	얼음물
ထပ်ကာထပ်ကာ	탓가탓가	반복해서, 계속
လောင်းချိုး တယ်	라옹쵸데	물을 붓다, 샤워시키다.
အပူလျှပ်	어뿌샷	열사병(Heat Stroke의 미얀마식 표기)
ကိုယ်အပူချိန်	꼬어뿌체잉	체온
N + အလိုက်	어라잇	N에 따라서
စိမ်ထား တယ်	쎄인타데	(물에)담그다.
ဆေးပုလင်း	쎄버링	약병
ချိတ် တယ်	체잇데	걸다.
ဇလုံ	저롱	욕조
ခဏ	킷다	잠깐(ခဏ와 비슷)
V + ပေခြင်း	쎄칭	V 시기기
ဝမ်းစားအတွက်	윙사이뜨웻	먹고살기 위해서
မျက်လွှာ	미엣흐르와	눈꺼풀
cf) မျက်ခွံ	미엣쿵	눈꺼풀
cf) မျက်ရစ်	미엣릿	쌍꺼풀
ဝမ်းနည်း တယ်	윙떼데	슬퍼하다.
နေ့စားဝန်ထမ်းများ	네사원단먀	일당직 직원, 일당직 일꾼

အသက်ကြီးရွယ်အို	어펫찌유웨오	나이 많은 노인
အများစု	어먀수	대다수
ယင်းနေ့	잉네	그날(အဲဒီနေ့.의 문어체 표현)
စတင် တယ်	싸띵데	시작하다.
တိုး တယ်	또데	증가하다.
ဆုံးရှုံး တယ်	쏭쇼웅데	잃다.
များပြား တယ်	먀빠데	많다(문어체 표현).
ယားယံဖု	야양푸	가려움
ထွက် တယ်	트웻데	튀어나오다, 나오다.
နွမ်းနယ် တယ်	눙네데	무기력하다.
မူးမော် တယ်	무모데	어지럽다(문어체 표현).
ကြွက်တက် တယ်	쮸엣뗏데	쥐나다.
သတိလစ်ခြင်း	더디릿칭	의식을 잃음
N + အပြင်	N 어삥	N 외에
စိုးရိမ် တယ်	소예잉데	걱정하다, 염려하다.
V + ဖွယ်	V 프웨	V 것, V 거리 (V+စရာ의 문어체 표현)
ရောဂါ	요가	병

이야기 거리(생활 밀착형 미얀마어)

손금과 사람들, 운명과 손 모양

A) 별자리와 이름들

1. 목요일 별자리   2. 토요일 별자리   3. 일요일 별자리   4. 수요일 별자리
5. 화요일 별자리(남자)   6. 화요일 별자리(여자)   7. 월요일 별자리
8. 금요일 별자리

B) 손금과 이름들

1. 생명선   2. 두뇌선   3. 심장선   4. 결혼선
5. 운명선   6. 성공선   7. 건강선

C) 손 모양 1

당신 손바닥을 자세히 돌려서 보세요. 지금 화살표가 있는 모양대로 당신의 생명선이 금요일 별자리와 월요일 자리 사이에서 만나고 있으면 당신의 외국에 나갈 손금을 소유하고 있습니다. 남자라면 외국으로 나가는 배의 선원이 될 손금입니다(*저자 주: 미얀마에서는 선원이 선호직업 중의 하나임).

D) 손 모양 2

당신 손바닥 뿌리 쪽을 자세히 돌려보세요. 당신의 생명선이 지금 화살표가 가리키는 모양대로 손날(월요일 별자리)에서 끝나면 외국에 나갈 운명을 소유하고 있습니다. 남자라면 외국으로 나가는 배의 선원이 될 손금입니다.

E) 손 모양 3

당신의 손바닥 뿌리 쪽을 자세히 돌려보세요. 지금 화살표가 가리키는 모양대로 생명선이 갈라져서 하나가 갈라져 나가면 당신은 외국에 나갈 손금을 소유한 것입니다. 남자라면 외국으로 나가는 선원이 될 손금입니다.

F) 손 모양 4

당신의 손바닥 뿌리 쪽을 자세히 보세요. 지금 화살표가 가리키는 모양대로 당신의 생명선에서 갈라져서 하나가 아래로 내려오고 있고 올라가는 발전선 하나가 그 선을 가로질러서 닭발 모양이 되면 당신은 외국으로 여행을 가면 성장하고 부유해질 것입니다. 외국인과(또는) 외국과 관련된 일을 크게 하는 사람과 결혼할 사람입니다.

'손금과 사람들, 운명과 손 모양' 주요 어휘

미얀마어	발음	해석
လက္ခဏာ	렛커나	손금
လူသား	루따	인간, 사람
ကံကြမ္မာ	깡짠마	운명, 운
လက်ပုံစံ	렛뽕상	손 모양, 손금
ခြိုဟ်ခုံ	죠공	별자리
ကြာသပတေး	짜다바데	목요일
စနေ	싸네	토요일
တနင်္ဂနွေ	떠닝가느웨	일요일
ဗုဒ္ဓဟူး	부더후	수요일

အင်္ဂါ	잉가	화요일
တနင်္လာ	떠닝라	월요일
သောကြာ	따웃짜	금요일
လမ်းကြောင်း	란자웅	손금
အသက်	어뗏	목숨, 생명
ဦးခေါင်း	우가웅	머리, 두뇌
နလုံး	ㅎ너롱	심장
အိမ်ထောင်ရေး	에잉타웅예	결혼
ကံကြမ္မာ	깡짠마	운, 운명
အောင်မြင်ရေး	아웅밍예	성공
ကျန်းမာရေး	짠마예	건강
သင့်	띵	당신의, 너의
လက်ဝါ	렛와	손바닥
လှန်တယ်	ㅎ랑데	돌리다.
မြားပြ	먀빠	화살표
လက်ဝါးစောင်း	렛와싸웅	손날
လမ်းခွဲ	란크웨	이별하다.
ပေါ်ပေါက်ရေး	또뼛에	발전
လမ်းကြောင်း	란짜웅	길, 선
ကြက်ခြေ	쩻체	닭발
ခတ် တယ်	캇데	치다, 톡톡치다
ကြီးပွားချမ်သာ တယ်	찌브와찬따데	성장하다.
ကျယ်ကျယ်ပြန့်ပြန့်	쩨쩨뼈앙뼈앙	널리

5 이야기 거리 (생활 밀착형 미얀마어)

고소하게 됨을 공지합니다 (고소 공지장)

To :
1. 우A
주소 : ○○○ / ○○○ / 따란 / 짜웃더다구 / 양곤시
2. 우B
차량대여 서비스업
주소 : ○○○ / 미얀마 공야웅란 / 낫차웅 구역 / 따므웨구 / 양곤시

날짜 / 2013년 / 11월 ○○일

여러분에게
　거바예퍼야, 바한구에 있는 ○○콘도에 사는 제 동료인 Mr. C(여권번호: M123456789 보유자)가 일임하여 아래와 같이 공지를 하여 연락드리는 바입니다.
　여러분, 우B의 차 대여 서비스업을 통해서 여러분 우A가 소유한 차량- 3가/4322 차량을 13년 3월 23일부터 14년 6월 22일까지 한 달에 750,000짯의 돈에 빌렸다고 알고 있습니다.

　계약서조항 3에 따르면 일주일에 하루 쉬는 날을 줄 수 있도록 포함되어 있는데, 제 동료가 일요일에 차량을 사용하고 싶어서 다른 하루를 쉬도록 얘기했지만 여러분이 받아들이지 않았고, 일요일만 쉬는 것으로 정함으로써 계약서의 규정을 여러분이 어겼다고 표현합니다.

계약서조항 7에 따르면 사용하는 차량처럼 좋지 않으면 대신해서 바꿔주도록 포함하고 있습니다. 제 동료에게 대여해준 차량 번호- 3가/4322 차량은 동급 차량보다 연비가 높아서 다른 차로 바꿔주도록 제 동료가 요청했음에도, 여러분이 들어주지 않았다고 알고 있습니다.

그래서 여러분이 합의하여 계약한 2013년 O 월 OO 일 계약서를 이행하지 않고, 의무를 소홀히 함으로써 여러분이 양쪽이 합의한 계약의 규정을 어긴 것으로 보입니다. 그래서 제 동료가 15달에 해당하는 차량 렌트비 US $ 12,955를 준 것에서 8달 사용한 것을 제하고 남은 7개월분 US $ 6,045.6이 되는 돈을 환율에 따라서 미얀마 돈으로 공지를 받은 날로부터 10일 안에 제 동료에게 돌려주기를 요청하는 바입니다.

만약에 이행하지 않으면 7일 동안 남아있는 US $ 6,045.6이 도착하지 않은 것에 대해서 피해금을 포함하여 여러분에게 고소할 것이라고 연락하여 공지하는 바입니다.

일임받은 공지에 따라.
우D (B.A(Law);LL.B)

'고소하게 됨을 공지합니다(고소 공지장)' 주요 어휘

미얀마어	발음	해석
ရက်စွဲ	옛스웨	날짜
ကျွန်ုပ်	쩌놋	저, 나 (ကျွန်တော်의 문어체)
နိုင်ငံကူးလက်မှတ်	나잉앙꾸렛ㅎ맛	여권
ကိုင်ဆောင်သူ	까잉사웅두	소유권자
လွှဲအပ် တယ်	ㅎ르웨앗데	맡기다.
ညွှန်ကြား တယ်	ㅎ농짜데	지시하다.
N + အရ	N 어야	N에 따라서, N에 의거하여
အောက်ပါအတိုင်း	아옷바어다잉	아래에 따라, 아래와 같이
နို့တစ်စာ	노띠싸	공지(Notice의 미얀마식 표기)
အကြောင်းကြား တယ်	어짜웅짜데	알게 하다, 전하다, 알리다.
လူကြီးမင်း	루지민	여러분
ကားငှားရမ်း တယ်	까ㅎㅇ아양데	차를 빌리다, 대여하다.
တစ်လလျှင်	떠라ㅎ링	한 달마다, 한 달에
သိရှိ တယ်	띠시데	알고 있다.
ယာဉ်	잉	차량, 운송수단
အမှတ်စဉ်	어ㅎ맛씽	(법률, 계약의)조항
တစ်နေ့တာ	떠네다	하루당, 하루치
စွဲရန်အချိန်	스웨양어체잉	사용시간
လိုက်နာ တယ်	라잇나데	~에 따라서 준수하다, ~(법,규칙등)를 따르다.
ထိုပြင်	토뼁	이밖에
N + အနေဖြင့်	어네핑	N로서는, N의 입장에서 (အနေနဲ့의 문어체)
ရံဖန်ရံခါ	양팡양카	가끔

နံနက်	낭넷	새벽, 이른 아침
စားပွဲ	싸브웨	회식
ပြီးစီး တယ်	삐시데	끝나다.
နှစ်ဖက်	ှ닛펫	양쪽
သဘောတူ တယ်	더보뚜데	동의하다.
အချိန်ပိုကြေး	어체잉뽀제	초과시간 수당, 초과근무 수당, 야근수당
များစွာ	먀스와	많은
ရက်သတ္တတစ်ပါတ်	옛땃더밧	일주일(문어체 표현)
N(시간) + လျှင်	N ှ링	N마다, N이면
နားရက်	나옛	쉬는 날, 휴일
V + လိုကြောင်း	V 로짜옹	V 하고 싶어서
ကျန် တယ်	짠데	남다.
ကြိုက်နှစ်သက် တယ်	짜잇닛뗏데	좋아하다.
စည်းကမ်းချက်	씨깡쳇	규칙
ဖောက်ဖျက် တယ်	파웃뼷데	계약을 어기다.
ဖော်ပြ တယ်	포빠데	표현하다.
အခြားအလားတူကား	어차어라뚜까	동일한 형태의 다른 차, 동일 기종의 다른 차
N + ကဲ့သို့	N 께도	N치럼
ကောင်းမွန်ခြင်း	따옹뭉칭	좋음
အစားထိုး တယ်	어싸토데	대신하다.
လဲလှယ် တယ်	레ㅎ레데	교체하다.
ဆီစားနှုန်း	씨사ㅎ눙	연비
မြင့်မား တယ်	밍마데	높다(문어체 표현)
V + သဖြင့်	더핑	V 해서 (လို့의 문어체 표현)

သို့ဖြစ်၍	도핏유웨이	그렇기 때문에 (ဒါကြောင့် 의 문어체표현)
တာဝန်	따웡	책임, 의무
ပျက်ကွက် တယ်	뻬엣끄웻데	망치다, 소홀하다.
V + သည့်အနက်မှ	V 디어넷흐마	V한 날부터
ငွေလဲလှယ် တယ်	응웨레흐레데	돈을 바꾸다, 환전하다.
cf) ငွေလဲလှယ်မှုနှုန်း	응웨레흐무흐농	환율
အကယ်၍	어깨유웨이	만약에(문어체)
cf) တကယ်လို့	더게로	만약에(구어체)
နစ်နာကြေးငွေ	닛나쩨응웨	피해금액
ထည့်သွင်း တယ်	테드윙데	넣다, 포함하다.
တောင်းဆို တယ်	따웅소데	요구하다.
အကြောင်းကြားအပ် တယ်	어짜웅짜앗데	연락드립니다.

📷 양곤 강의 석양

양곤은 항구 도시! 크루즈를 타고 항구의 석양을 즐겨보자!

6 이야기 거리(생활 밀착형 미얀마어)

탑승객들에 대한 환영 및 마무리

- 경청해주십시오, 여러분.

저희 여행일정 K7로 (A)도시로 타고 가시는 여행객들에게 K Airline 항공사를 대표하여 비행기 기장 Captain ....와 비행기 승무원들로부터 따뜻하고 정중하게 환영합니다. 여러분,

지금 여행일정은 (   ) 시간 정도 날아갈 것이며, 높이는.........피트에서 날 것입니다.

모바일 핸드폰들은 비행기의 통신시스템을 방해할 수 있기 때문에 사용하지 않기 바라며, 다른 전자제품들도 이와 같이 위험을 줄 수 있기 때문에 사용하려면 비행기 승무원들과 미리 협의하고 문의해 주시기 바랍니다.

비행일정의 모든 길에서 여행객들이 편안하고 부드럽게 하기 위해서 저희 비행 승무원들이 도움을 줄 수 있도록 항상 준비하고 있다는 것을 알려드립니다.

감사합니다. 여러분!

* Delay(지연)

비행기 출발시각이 조금 늦어졌기 때문에 불편함이 있으면 참고 용서해주시기를 K Airline 항공사를 대표하여 겸손한 마음으로 부탁합니다. 여러분.

* After Take Off Announcement(이륙 후 공지사항)

경청해주십시오, 여러분.

의자의 허리띠를 차도록 신호를 주는 불이 꺼졌지만, 여행객들의 위험을 피하

기 위해서 의자에 앉아 있을 때에는 의자의 허리띠를 계속해서 차도록 부탁합니다.

감사합니다, 여러분.

'탑승객들에 대한 환영 및 마무리' 주요 어휘

미얀마어	발음	해석
N + အပေါင်း	N 어빠웅	모든 N
ပြည့်စုံ တယ်	삐쏭데	채우다.
လေကြောင်း	레자웅	비행, 항공
လိုင်း	라잉	선 (Line의미얀마식표기)
ကိုယ်စား	꼬자	대표, 대리
နွေးထွေး တယ်	느웨트웨데	따뜻하다.
ပျူငှာ တယ်	쀼흥아데	정중하다, 겸손하다.
N + ဦး	우	첫 N
ကြိုဆို တယ်	쪼소데	환영하다.
N(시간) + ခန့်ကြာ	칸자	대략 N(시간), N(시간) 정도
အမြင့်	어밍	높이
ပေ	뻬	피트(거리 단위, Feet)
ပျံသန်း တယ်	뺭딴데	날다.
အနှောင့်အယှက် ဖြစ်တယ်	어흐나웅흐셋핏데	귀찮게 되다, 번거롭게 되다.
လေယာဉ်မောင်	레잉마웅	비행 승무원(남자)

လေယာဉ်မယ်	레잉메	비행 승무원(여자)
ဆွေးနွေး တယ်	스웨느웨데	협의하다, 상의하다.
မေးမြန်း တယ်	메미안데	묻고 답하다, 문의하다.
တလျှောက်လုံး	더샤웃롱	모든 여행 일정동안
ချောမွေ့ တယ်	초므웨데	매끄럽다, 문제없이 부드럽다.
အဆင်သင့် တယ်	어씽띵데	준비하다.
ထွက်ခွာ တယ်	트웱크와데	출발하다.
သည်းခံ တယ်	떼칸데	참다, 견디다, 받아들이다.
ခွင့်လွှတ် တယ်	크윙흐룻데	용서하다, 풀어주다.
V + ရန်	V 양	V 하도록
အနူးအညွတ် တယ်	어누어눗데	겸손하다, 조심스럽다.

📷 빠테인 우산

엄청나게 크면서도 화려한 우산!

책이 만들어지고 마무리되기까지 도움을 주신 많은 분들께
진심으로 감사의 말씀을 드립니다.

노래와 속담, 요리로
즐기며 배우는 미얀마어

펴 낸 날   2017년 1월 2일

지 은 이   이두일
펴 낸 이   최지숙
편집주간   이기성
편집팀장   이윤숙
기획편집   허나리, 윤일란
표지디자인   허나리
책임마케팅   하철민, 장일규
펴 낸 곳   도서출판 생각나눔
출판등록   제 2008-000008호
주   소   서울 마포구 동교로 18길 41, 한경빌딩 2층
전   화   02-325-5100
팩   스   02-325-5101
홈페이지   www.생각나눔.kr
이 메 일   bookmain@think-book.com

- 책값은 표지 뒷면에 표기되어 있습니다.
  ISBN 978-89-6489-663-1   13730

- 이 도서의 국립중앙도서관 출판 시 도서목록(CIP)은 서지정보유통지원시스템 홈페이지
  (http://seoji.nl.go.kr)와 국가자료공동목록시스템(http://www.nl.go.kr/kolisnet)에서
  이용하실 수 있습니다(CIP제어번호: CIP2016029086).

Copyright ⓒ 2016 by 이두일, All rights reserved.
· 이 책은 저작권법에 따라 보호받는 저작물이므로 무단전재와 복제를 금지합니다.
· 잘못된 책은 구입하신 곳에서 바꾸어 드립니다.